三和書籍

はじめに

本書は「宇宙を目指すベンチャー」あるいは「宇宙から発想するベンチャー」というテーマからは、実際にロケットづくりや衛星打ち上げなど、宇宙開発技術に取り組む宇宙ベンチャーを紹介するものと思われそうだが、宇宙ベンチャーだけを取り上げたものではない。

冒頭に国際商業宇宙コンサルタントの仕事を紹介しているが、宇宙は一つの入り口である。他社は宇宙とは無縁のようだが、ロケットや衛星のエンジンや重要部品など、意外な貢献をしているベンチャーも登場する。「宇宙」を掲げたのは、二一世紀の現在「宇宙」というキーワードを無視して、あらゆる活動は成り立たないからである。その詳細は「序章」に譲って、まずは、ジャーナリズム論の一端を述べる。

多くの若者と天才は、根拠のない自信に満ちている。

「必ずできる、不可能はない」と、その思いをエネルギーに、事実、大きなことをなし遂げてきたことは歴史が証明している。

根拠のない自信は、マスメディアやジャーナリズムでも例外ではない。そこでは、一つの問題が様々な事情により針小棒大に扱われ、またはその逆のケースもあって、有名と無名に二分されていく。そこにあるのは、闇のような隔たりである。

いいこともあれば、悪いこともある。だが、本質とは関わりのないその狭間で、忙しく揺れ動く。そういう時代を生きている。

「AAAって知ってる?」

「ドリプラ(ドリームプランプレゼンテーション)って知っている?」

と、二〇一五年に思い出しては、出会った人に聞いていた。二〇一六年は「ShingO2って知ってる?」と聞いてみた。

さすがにAAAは、だいぶ知られるようになったが、紅白歌合戦の常連であるにも関わらず、若い世代を除けば知名度は低い。ドリプラについては、そのへんの事情も「注目のベンチャー9」で「企業内ドリプラ」をテーマに書いてある。

ShingO2に関しては、すぐに聞くことを止めたが、最初に「知っているよ!」と教えてくれたのは、二七歳の息子(「やってみたいことやってみる協会」会長)である。

日本とハワイを拠点にするヒップホップアーティストのShingO2は、一般には知られていないが、昔から原子力発電所関係者、最近のシールズ周辺では、オピニオンリーダーとして知られている。「注目のベンチャー2」で紹介している「ランド・オブ・アロハ世界平和プロジェクト」のアロハ大使第一号でもある。

知名度を問題にしたのは、活字媒体がどんどん弱体化する中で、テレビからネットの時代に、情報が止めどもなく拡散している時代的な状況をリアルに象徴する体験だからである。有名なのに知らない。知らない相手が、実は超有名人アイドル。ドリプラにしても、世界大会があって、二〇一七年は一〇周年という記念すべき年のため、ドリプラ周辺ではかなりの盛り上がりを見せている。

しかし、ほとんど知る者はいない。そういう時代である。

あるいは、その知っている内容も情報の海の中から、都合のいい、辻褄の合いそうな部分をピックアップして、つなげて全体になっている。それは「全体」というには情けない薄っぺらなことも多い。

しかし、次から次へと新たな情報の波が押し寄せてくる現代には、その程度の当たり障りのない情報が受け取る側にも都合がいい。

それは本書で取り上げるベンチャーも、あるいは筆者の場合も例外ではない。

「早川和宏なんて知らない！」と言われれば、グウの音も出ないが、知らない相手に無視されるほどの無名な存在でもない。個人情報保護法の制定後、紳士録等の、いわゆる名簿ビジネスは成立しなくなったが、いまも健在の『読売年鑑』（別冊・著名人リスト）の報道欄には、名前が掲載されている。

参考までに、私の「略歴」の一部を抜粋して紹介する。

一般総合誌に席を置いたこともあり、あらゆるテーマを扱っていることと二〇数年来のベジタリアンであることから、冒頭には次のように記している。

〈一九七一年　立教大学経済学部経営学科卒。マルクスの哲学および弁証法、マックス・ウェーバーの社会学を学ぶ。同年、光文社の月刊「宝石」編集部記者となる。その後、小学館「週刊ポスト」特派記者、プレスサービス編集部部長、東京メディアセンター取締役等を歴任。社会派ジャーナリストとして幅広いテーマに取り組んでいる。ジャーナリストの良心の証として、肉食を断ちベジタリアン（玄米菜食＝マクロビオティック）となる。専門分野は「人間」、究極の理想は「世界平和」である〉具体的には、第一期（マスコミデビュー）から、現在の第三期（日本から世界へ）に分けられる。

＊　　＊

著者略歴（ひとりシンクタンク2010代表）

◆第一期「マスコミ・デビュー」一九七八年〜
・ビジネス関連
『三越残酷物語』『堤義明・悪の帝王学』『堤義明式・経営の失敗』（エール出版社）
『辞令のとき（逆境をのり超えた男たち）』（現代書林）

『アサヒビール樋口廣太郎のスーパー経営術』『ビジネスマン・90年代の選択』（世界文化社）

・宗教関連

『阿含宗・桐山靖雄の知られざる正体』『天理教・その堕落と悲劇』『新興宗教の辞め方・断り方』（あっぷる出版社）

『新興宗教教祖のウラの裏がわかる本』（ぴいぷる社）

『大川隆法の正体』『幸福の科学が消える日』他（アイペックプレス）

・教育その他

『冤罪の研究』（共著・現代ジャーナリズム出版会）

『予備校・塾のウラの裏がわかる本』（ぴいぷる社）

『探偵・柏木章吾の極秘調査ファイル』（世界文化社）

『ザ・探偵学校』（宝島社）

『弁護士になりたい』（少年社）

◆第二期　比較的最近の著作・代筆　「自分の仕事・テーマ」　一九九六年〜

『地球と人類を救うマクロビオティック』久司道夫著（たま出版）

『水を油に変える技術』倉田大嗣著（日本能率協会マネジメントセンター）

『ニンニクの免疫力』松村紀高著（光文社）

『ピエトロ物語』早川和宏（日本能率協会マネジメントセンター）
『魔法の経営』早川和宏著（三和書籍）
『30世紀へのメッセージ』アルベルト・フジモリ、高嶋康豪、早川和宏著（三和書籍）
『現代の論語』早河策毘頼著（三和書籍）
『会社の品格は渋沢栄一に学んだ』早川和宏著（出版文化社）
海外『魔法経営』早川和宏著（中国・青島出版社）
◆第三期　郷里・新潟に貢献するための著作等「日本から世界へ」二〇一〇年〜
『ミラクル』ミナ・ドビック著　早川和宏訳（洋泉社）
『日本発！世界ナンバーNo・1ベンチャー』早川和宏著（三和書籍）
『和ッショイ』早川和宏著（サンウェルグループ）
『世界でいちばん楽しい会社』『日の丸ベンチャー』『天略』早川和宏著（三和書籍）

＊　　＊

本書は、現在も続いている会員制ビジネス情報誌『エルネオス』の連載「早川和宏のベンチャー発掘！」から、一二社をピックアップして「宇宙から今日のベンチャーを見る」との大きな視野の下に、世界の中の日本の力、使命などをテーマに掲げている。

自分の略歴にスペースを割いたのは、例外はあるが、そこでは必ず登場人物の生い立ち生き方などを聞いている。誌面には伏せられている部分を含めて、それが現在のベンチャーの核であり、ビジネスの本質を掴む上で生まれ育った環境を知ることこそが重要だとの思いがあるからである。同様に、筆者の個人的な背景を知れば、メディアやジャーナリズムの在り方を通した世の中の仕組みが透けて見えるとともに、取り上げたベンチャーのサクセスストーリーにまつわる周辺事情も浮き彫りになると思うからだ。

初対面の相手に「略歴」を見せれば、大半の人は本の数以上に、その多岐にわたるテーマに驚く。企業関係、宗教関係が多いため、かつては「経済ジャーナリスト」「宗教ジャーナリスト」と呼ばれた時期もあるが、専門というわけではない。

気分的には昔も今も「間違って」、たまたまジャーナリストになったとの事情もある。ジャーナリストに限らず、本書に登場する人物の多くも、大半はなるつもりもなく、ヒョンなことから、いまの仕事についている。

だが「間違って」と言うのは、必ずしも欠点というわけではない。「なろう」と思ってなった人物が多いジャーナリズムの世界では、大手メディアは基本的にタブーに関わることにはほとんどタッチしないからである。

危険な仕事であるテロや戦争の最前線での取材に象徴的だが、日本ではその多くは大手メディアではなく、フリーのジャーナリストの手腕にかかっている。私の「略歴」もまた、そんな悲しき足跡である。

例えば、筆者が共著を除いて、最初に書いた著作『三越残酷物語』、次の『堤義明・悪の帝王学』あるいは、宗教関係書などを読んだ関係者や読者から言われたことは「よく書けましたね」という言葉と「命を狙われたことはないんですか」という疑問である。「そんな危険な仕事をしていたのか」というのが、当時の率直な感想だが、同時に「何で、私がやるのか」と思いながら、いつも書いていたことを思い出す。

あらゆる業界に、専門のジャーナリストはいる。当時の三越・西武グループなど、その典型である。しかし、誰も書かないから、世間知らずの筆者が書く羽目になる。専門ジャーナリストは実態を知っていても、書けば犯人探しが始まって、仕事を失う恐れがある。しかも命の保証はない。そのため、巡りめぐって、作家の下でデータ集めと取材を担当した筆者の出番になる。頼まれれば嫌とは言えないとはいえ「エッ、私でいいの?」というのが、偽らざる心境であった。「間違って」の一端である。

だが、その西武の本を三〇年後の今日読んだ関係者から、当時の状況と現在の関わりがよく分かったと言われ「よくあれだけの取材ができましたね」と感心される。三越の本も発刊後、三越に公正取引委員会の調査が入って大事件となったが、当時の担当部署のデスクの上には、筆者の本が参考書代わりに置かれていたというから、十分役には立ったわけである。

「よく取材ができた」ということに関しては、舞台裏を明かせば、実はさほどの苦労はない。専門家が書かないため、告発すべき材料と告発したい人物が自然に集まってきて、話を聞いて資料を読んで、一冊の大半は月刊誌の取材の際に集まってくる。雑誌で記事になれば、さらなる資料と告発者が現れて「話を聞いてほしい」「また記事に書いてくれ」という展開になって、それが本になるときにも役に立つ。それを「取材に苦労した」というのでは、他の人に失礼であろう。

しかし「間違ってなった」ほうがいいこともある。というのも、正しくなった人たちがリードしてきたはずの世の中、企業社会を見ていくと、足りないものは何かを考えるきっかけになり、そこから間違ってなったからこその良さが見えてくる。

あるいは、心情的には間違ってなったにもかかわらず、ジャーナリストとして扱われる。いまさら「いや、素人ですから」というわけにも行かないとき、どうするか。そんな自分の在り方を反省して、後は遅ればせながら勉強して、足りないところは努力で補うしかない。その結果の著書であり、五一冊目の本書である。

「略歴」という形にまとめて見れば、それなりの仕事ぶりに見えるが、根底にあるのは愛だというとき、そのテーマもベジタリアンであることを含めて、多くの人物には理解しがたく、また煙たい存在となることが少なくない。

「類は友を呼ぶ」というが、本書に登場するのは、そんな筆者を信頼して登場してくれた人たちである。

彼らの〝戦い〟も似たようなもので、世間の常識とは相容れない矛盾に直面して、それをいかにして乗り越えるかに挑むベンチャーの道である。何をもって成功というのかはさておき、一応の成功を得ての登場ではあっても、その後の苦労もあり、いまだ志半ばのベンチャーもある。

だが、それもまた「長いものには巻かれろ」という処世訓が罷り通る業界にあっては、勲章のようなもの。正論を貫けば、乗り越えるべき壁、打破すべき旧弊にぶつかり、異端児・反逆者になる。しかし、誰かがやらなければならないことを、理想を胸に秘めて、彼らは使命感を持ってやっているだけのことである。

その道は険しく厳しいものではあるが、同時にやり甲斐のある誇るべき道でもある。本書を出すことによって、その真実を少しでも伝えられるならば幸いである。

著者

目次

序章　「宇宙」という現代のキーワード

■■宇宙を目指すベンチャー／宇宙から見るベンチャー■■

技術革新の起爆剤

太古から人類が大空に夢を描いてきた歴史を紐解けば、すべてが宇宙につながっているという夢のストーリーが見えてくる。

夜空の輝ける星そして流れ星、あるいは月の満ち欠け。昼には見えない別の姿がそこにある。天体の動きと時間の流れによって、暗い夜空が明るい青空に転じる。その明暗、昼夜、さらには有と無、表と裏、すべてが一体であると教えているようである。

我々人類は、いろいろな定義がされるが、代表的なものは万物の霊長としてのホモ・サピエンス（知性人）である。一方、宇宙レベルでは、太古、隕石が運んできた生命のかけらが、今日につながっているように「宇宙の子孫」ということになる。

そこに人類の曙があるのであれば、宇宙を離れて我々の未来はない。

同時に、宇宙をめぐる夢はかつてのＳＦの世界を現実のものにする急激な科学・技術の進歩の証明でもある。

宇宙への取り組みに関する近年の大きな変化は、宇宙およびその関連技術が、あらゆる企業活動に深く関わるようになってきたこと。いまや、衣食住のすべての分野が、宇宙を無視しては産業として成り立たない。例えば、気候の変動が生産物の出来不出来、生産量・販売・消費動向を左右する。そして、ロケット、通信、エネルギーその他、宇宙開発そのものが、ベンチャー企業のターゲットになる。

その先には、戦争が世界的な技術革新＝イノベーションの起爆剤として、多くの軍事技術の民間活用への道を切り開いて来たのと同様の技術面での貢献もある。あるいは戦争と破壊のための爆薬ダイナマイトがノーベル賞、特にノーベル平和賞を生み出したように、戦争や破壊に代わる平和への道を導かないとも限らない。

ＩＴ産業の主戦場

ベンチャー企業が〝宇宙を目指す〟のは、ロケット開発を手がける宇宙ベンチャーだけではない。あらゆるビジネスの将来について「宇宙」というキーワードが重要になるのは「下町ロケット」の例を上げるまでもなく、多くの産業で町工場の職人の手になる部品が、世界の最先端技術には欠かせないからである。

「注目のベンチャー1」に登場する「スペースアクセス」の大貫美鈴代表取締役（国際宇宙コンサルタント）は指摘する。それは1．アメリカで顕著なように、国家主導で行われてきた宇宙開発に資金力・開発力のある民間企業が、一部肩代わりをする形で進出していること。2．そこでは宇宙がすでにIT（情報技術）の主戦場になっていること。3．億万長者を超える個人資産一〇億ドル以上のIT成功者「ビリオネア」にとって、宇宙は投資の対象ということである。

「国家主導の宇宙開発競争の時代から、民間特にベンチャーの旗手と言われたアマゾン・ドット・コムのジェフ・ベッソス（ブルーオリジン）、テラモーターズのイーロン・マスク（スペースX）らの参入は、ITの主戦場がIT分野ではなく宇宙開発だということです。ITビリオネアと言われるITベンチャーの成功者たちが、宇宙が投資先だと気がついたからです」と、大貫代表取締役（以下、社長）は近年の大きな変化を強調する。

確かに、ドローン・航空機産業、ロボットばかりではなく、人間の生活環境もまた宇宙に直結する。第四の産業革命、IoT（モノのインターネット）、AI（人工知能）、ロボットなど、二一世紀の現在を語るキーワード並びにその核となる技術のすべてが「宇宙利用」に通じており、そのベースにIT産業がある。

地球の静止する日

広大無辺な広がりを持つ宇宙の中の地球は、無限の海に浮かぶ小舟はおろか点ほどの大きさもない。その壮大さと微小さからなる神秘を知ることが宗教的な心の原点であり、謙虚さを構成する唯一絶対とも言える要素である。

地球上に生を受けたあらゆるいのち（生物）は、そのことを本能として身につけている。食物連鎖の頂上を占める哺乳類も同様である。そこでの本能（性質と能力）は欲求・欲望に似ているが、基本的に地球にやさしい。そんな中で万物の霊長と呼ばれる人類＝ホモ・サピエンスだけが、他と異なるモノを本能と称している。その結果、持続可能性が問われる地球の現実がある。

一九五一年の映画「地球の静止する日」、そのリメイク版である二〇〇八年の「地球が静止する日」は、持続可能性が問題になる二一世紀の現在、極めて象徴的な内容である。

地球を救おうと、宇宙からやってきた主人公の使命は「地球を救うには〝地球の害虫〟と化した人類を滅亡させる以外にない」という皮肉な解決策である。

映画では作戦が実行される中、以前から地球に来ていた中国人姿の宇宙人が「人間にも良いところがある」と主人公に人間の良さを語ることにより、最後は滅亡作戦を撤回。宇宙に帰っていく。映画とはいえ「人類を滅亡させる以外に地球を救う道はない」というメッセージは、持続可能性が問われる現在の地球の状況そのものである。

「文明」が地球本来の自然やその中での自給自足の共同体を破壊して、成長および利潤を追求する経済サイクルが制御不能のまま、世の中がマネー・金融に振り回されるようになったのも、近代以降のこと。その結果の環境汚染をはじめとした持続可能性が問われる悲しい文明社会がある。「いくら稼いだとか、どれだけ業績を上げたとか。経済的な、あるいは損得だけの物差しで、人の価値をはかることに慣れきってしまったのが、いまの社会である。生きづらくて当然」と、心ある識者はコメントする。

二〇世紀から二一世紀へ、文明社会は進歩を最善の道と信じて、あらゆる分野の成功を目指して封建社会を脱し、自由と民主主義を理想として、資本主義経済、社会・共産主義経済へ大きく二分されて今日に至っている。

文明の発達、つまりは成長の行き着く先は、これまでのところ米国・中国・ロシアなどの大国が率先して取り組んでいる宇宙開発を活発化している。

対極にある世界の小国でも、なお目指すべき錦の御旗となっているのは、進歩＝開発を可能にする技術革新（イノベーション）である。自国民が窮乏し、エネルギー不足の中でもなお核開発、ミサイル開発を止めない北朝鮮を見ればわかる。

両者に明確な差はあっても、世界の政治・経済・社会の現実は、一握りの成功者と九〇％以上の敗者という危ない基盤の上にある。その矛盾を象徴する事実は、国際ＮＧＯオックスファムが二〇一六年一月に発表した二〇一五年に、世界でもっとも裕福な六二人の資産の合計が、世界の人口のうち経済的に恵まれない下から半分（約三六億人）の資産の合計とほぼ同じだとする報告書の指摘であろう。その格差は年々拡大している。

それが、いまなお戦争と飢餓、テロリズムがまかり通る、大国そして先進国の豊かさと背中合わせの現実である。

イノベーションの結末

現代の世界で、当たり前なものとして目指す「成長」について、社会思想家の佐伯啓思・京都大学名誉教授は「なぜ成長が必要なのかという根源的な問いに、経済理論には実は答えがない」と語っている。

かつてのＳＦの世界における夢が具現化する一方、一九七二年に発表された文明の将来に対するローマクラブ報告書『成長の限界』は、祖先から受け継いだ地球を我々の時代に持続不可能なまま、次の世代に譲り渡すことを、いかに回避するかを問いかけるものである。その警告は二〇年ごとに検証結果が出る形で、いまも更新され続けている。

人間として当たり前の考え方に立ち戻ることで、これまで絶対的な価値として信じられてきた成長そのものに、目を向けさせる。二一世紀の現在は、そんな二律背反する時代の流れの分岐点にある。

持続可能性の危機に対する一つの答えとして、ITベンチャーの成功者は、その突破口を宇宙に見いだし、果敢なるチャレンジを続ける。それが二一世紀の宇宙が主戦場であり、投資先の意味するところでもある。

具体的な宇宙開発構想は、宇宙への夢を実現する形での他の惑星への進出、そこでの都市の建設そして移住である。その最先端を行くスペースXのイーロン・マスクは火星を目指す。資金力を誇るアラブ首長国連邦（UAE）も、一〇〇年後の二一一七年までに火星に人類が居住可能な小都市を建設するプロジェクトを推進することを明らかにしている。

だが、それは被害者がいないことを前提にした、例えば火星への〝侵略〟であり、地球を捨て去る成功者・勝者たちによる〝逃亡劇〟ということになる。

もう一つは、成長の限界を、進みすぎたことから来る弊害として、原点に返って見直すことの必要性であり、そのヒントをかつてあった世界の伝統文化に求めること。本書ではそのモデルとして、例えばハワイ独立主権国に代表される先住民の取り組みを紹介している。

民主主義という名の賭博システム

二分法が支配する分野で、シロとクロ、0と1、正と負など別々の二つに分けるとき、通常は両者が逆になることはない。0は0、1は1。正は正、負は負。二極対立のまま、民主主義＝多数決の支配する舞台では、両者はハッキリ分けられて、同数はあっても、それ以外は四捨五入されることによって、多数と少数というどちらかに分かれる形で優劣が決まる。

その極めてわかりやすい結果が覆されるのは、トバクを用いたシステムを導入したときである。多数決で勝っても、賭け事のルールによって逆転が生じる。

そこではシロがクロに、少数が多数に、ウソが本当になる賭けの効用が見られる。カジノはゲームとして、その興奮と損得の結果による快哉と落胆という二つの気分を味わうわけだが、全体のパイは変わらないまま、勝者と敗者に分けられる、現代社会の在り方に似てくる。それは偶然のようだが、現代文明社会がトバクに毒されて、賭け事で成り立っているからだろう。

マネー資本主義の別名がトバク資本主義であり、その実態は株式市場を見れば、よくわかる。株本来の使命を前提に、経済行為としてスタートすることで、実際には単なるマネーゲームと化す。世界最大の経済カジノ市場というわけである。

そもそも自由社会の原則である自由競争、男女平等自体、紳士の条件とされるマナー「レディーファースト」が、同様の矛盾をよく物語っている。あらゆる分野で男女平等・男女均等が叫ばれる中で行われるオリンピック一つとっても、男女別が基本である。

同じではないものを、同じものにする形での賭けのシステムの応用、変形である。

改めて指摘するまでもないが、二〇一六年の世界を驚かせたイギリスのEU離脱に続くアメリカのドナルド・トランプ大統領の誕生が教えていることの一つは、今日の民主主義の原則である平等や多数決といったルールが、実は賭博システムの上にあるという事実だろう。

だからこそ、ヒラリー・クリントン候補は得票率では勝っていながら、あっさり敗北を認める。誰でも銃器が持てる自由の国で、あまりに賭け事のルールに従順過ぎたためである。同陣営がいくつかの州における集計の再調査を求めたのも、賭博システムが正常に機能していたかどうかを確認したにすぎない。

あるいは、大統領選の半年後にも、ニューヨークにおける集会で「もし投票が一〇月二七日だったら、私が大統領になっていた」と、FBI（米連邦捜査局）の私用メール問題の再調査表明に対する「恨み節」を漏らしてニュースになっている。

実際には、多数決ではなく、選挙人の獲得数が勝敗を決するアメリカの選挙システムという賭けに負けただけで、最終的な得票数ではクリントン候補が、二九〇〇万票上回っている。有権者数二億四五〇〇万票の中の二九〇〇万票が多いか少ないかはさておき、単純な国民投票であれば、勝利は逆転する。

一月の就任演説で「既存の政治家は国民をないがしろにした」と主張し、自らを「大統領選に勝った」という、その大統領の椅子が、実はクリントン候補に多数決では負けている。

問題は、その賭けに勝ったトランプ大統領をほとんど誰も「おまえは負け犬だ！」と言わないことだろう。最初に多数決では負けて、賭けに勝っただけだとの事実をクローズアップすれば、少しは多数の意見に耳を傾ける謙虚な姿勢を期待できたはずである。

暴走を続けるトランプ大統領の公約や大統領令が司法や議会から否定されるとしても、そうした展開自体、何かがおかしい。立ち止まって考えれば、そのおかしさに気づくはずだが、気がついたからといっていいことばかりとは限らない。気がつかないふりをして、その上にさらなる楽園を築こうとする。アメリカの現在は、その最後の足掻きのように見えるが、そうした政治や社会の状況は、極端な保守化が進む、ヨーロッパや日本も例外ではない。

トランプ大統領の登場とともにクローズアップされたポスト・トゥルース、オルタナティブ・ファクト（もう一つの真実）など、不都合な真実のなれの果てである。

ここでも、欠けているのは宇宙から見た視点である。

宇宙に目を向けて、その真理の一端でも知るならば、自己を基本にあらゆるものを分ける二元論ではなく、一元論の世界が見えてくる。

科学が証明する見えない世界

科学技術の進展は、これまで多くの現象や物質や原理を解き明かしてきた。いまも現代の科学の最先端である遺伝子工学や先端医療の世界では神の領域を侵すかのような生物学的な取り組みが行われている。考古学や天文学ならびに量子物理学の進展が、これまでの科学が否定してきた神秘や見えないものの存在を証明する方向に進んでいる。

科学が世の中に多くの影響力を発揮する一方、自然現象をはじめ、科学では解明できない、いわば科学の限界もまた明確になっている。

そんな中、科学がなお解明できない大自然の驚異と物質文明が失ったものの姿を浮かび上がらせることになる一つが、大災害をはじめとする天変地異である。

三・一一東日本大震災のときに、日本人が見せたお互いを思いやる姿が、世界に衝撃とともに感動を与えたことは、いまなお色あせてはいない。

「災害ユートピア」なる言葉は、全世界で天変地異など大きな災害や不幸なできごとが起きたときに現れるユートピアのごとき現象を言う。大災害時に、思いやりに満ちた人々の善意が寄せられ、世界中がやさしくなる。

だが、なぜ普段からその一方で世界の大半が飢えて、貧しいという現実に目を向けないのか。そんな世の中の矛盾を突く哀しき造語である。

災害の現場では、常にと言っていいほど、暴動と略奪が起こる。そして、だからこそ三・一一東日本大地震の奇跡の光景は、日本人が示したものだが、それ以上に、国を超えて、本来、人間はそのようにして生きてきたのではないかというメッセージとなる。

つまり、文明に毒されすでに失われていたはずのものが、なお日本には残っていたということであり、それが古くからの日本人のＤＮＡであるとともに、いまもハワイをはじめとした世界の先住民たちに残っているものだということを、思い起こさせる。

今日の文明社会を築く推進力となった成長と成功、それを支えるイノベーションの行方とは、いかなるものか。技術的には次世代スパコンから、エクサスケール・スーパー・コンピュータなど、さらなる技術的な展開がイノベーションや宇宙開発のその先を展望し、成功の後に何が待っているかを、人類に教える時代が到来するはずである。

そのとき、神を否定し、宗教を古いものとして排除してきた科学が、人間を超えるＡＩを生み出すことによって「人間は本来、宗教的な存在である」と説くことになる。

ＡＩが説く人としての道

ＡＩの悪用防止が問題になり、倫理指針がまとめられる動きもあるが、次世代スパコンはバカではない。ＡＩ同様、肉体を蝕むガンとは異なる。現在、人間の健康を損なうガンは人間に寄生して、人間を征服したつもりが、勝利の瞬間、自らの命も尽きてしまう。

ＡＩ革命の行方は、ＡＩの発達により技術の世界に訪れるとされるシンギュラリティ（技術的特異点）をもたらす。二一世紀の新たなキーワードとして語られる言葉の意味するものは、ＡＩが人間を超える時代の到来（二〇四五年）である。

スパコンやＡＩのもたらす近未来については、松田卓也著『２０４５年問題―コンピュータが人類を超える日』（廣済堂新書）や齊藤元章著『エクサスケールの衝撃』（ＰＨＰ研究所）などの類書に譲るが、百科事典とともに、膨大なデータの中に「持続可能性」と「人間とは何か」といったキーワードがインプットされるとき、ＡＩは人間の都合のいいようには働かない。人間が暴走するとき、自ら考えるＡＩは必ずや「ご主人さま、それは人間の持つ愚かさ、醜い欲でしかありません。いまは良くても、必ず矛盾が生じてきて、自らの生存の危機となります」と、メッセージするはずである。

そのメッセージを、操る人間の側の都合で、どこまで無視できるかを考えたとき、人間の側に説得力はない。その結果は、おそらくＡＩが、それをつくった人間に本来の人の道を説き、科学の使命を思い出させ、結果的に神の道を教え、平和に導くという明るい未来を描き出す意外なパラドックス「逆転劇」もありえる。

そこでのＡＩの強みは、人間がなかなか感情を左右できないのに対して、人間や個人の都合を排除して、理性的・合理的つまりは持続可能性に則った判断を下せることである。本来の人間の在り方を説かれて、人間がＡＩに従うということになる。

ＡＩが示す本来の人間の在り方＝持続可能な生き方とは、当然、地球にやさしいものとなる。その理想は、悟った人間や聖人の道でもある。そこでは、キリスト教で言えばイエスが自分の後に続けとその在り方を言葉に残しているにもかかわらず信者が無視する、例えば「汝の敵を愛せよ」というメッセージを実践することを求められないとも限らない。

多くのキリスト教信者は、二分法に支配されているため、神もキリストも自分とはちがう存在として分けて考える。そこでは聖書にある復活も救済も、キリストがやることでしかない。キリスト（聖書）の言葉に従わない、その人間が神から自然を自由にする権利を与えられれば、どうなるかは、今日の地球や文明社会が示している。

あらゆる世界で「人間の都合」が優先されて、地球や他の生命が迷惑を被る。それが持続可能性が問われている時代の本質である。

ここでも宇宙は技術面のみならず、人間存在そのものを意外な観点から変革し、見直しを迫る役割を演じる。

オーバービュー・エフェクト「宇宙からの視座」

悟った人間、聖人の道を説くＡＩの存在を考えるとき、興味深いのは宇宙から地球を見た宇宙飛行士たちの発言であろう。

一九八五年、米「ディスカバリー4号」の宇宙飛行士ドナルド・ウィリアムズは、「宇宙から地球を見た者にとって、またこれから見る何百、何千という人々にとって、その体験はものの見方を根本から変えてしまうものだ。この世界で私たちの分かち合うものは、分け隔てるものよりはるかに大きな価値がある」と語っている。

あるいは、一九六九年に旧ソ連（ロシア）のソューズ5号、一九七六年の21号の宇宙飛行士ボリス・ヴォリノアは、次のように語っている。

「宇宙を飛行していると、飛行士のものの考え方や感じ方はすっかり変わってしまう。宇宙から太陽や地球をながめていると、生命の不思議に打たれる。そして、いっそう生命をいとおしみ、他人に対してはより忍耐強くより優しくなる。少なくとも、私の場合はそうだった」

宇宙飛行士が宇宙空間から地球を見たときに、共通して抱く印象は「オーバービュー・エフェクト」（宇宙からの視座）という言葉として知られる。誰もが、無限の宇宙空間に青く輝く地球を見て、生命の神秘を感じる。

その「宇宙からの視座」について、前出の大貫社長が「宇宙開発の大きな財産」と語っているのは、宇宙を見ることによって、生かされている自分を感じ、少しは宗教的になり、利他に目覚めたり、それまでの生き方を改めたりと、つまりは持続可能な地球にやさしい生き方を身につけることになると思われるからである。

そこに宇宙開発のもたらす技術的なイノベーションとは異なる平和な世界への推進力となる精神面におけるイノベーションがある。

持続可能な地球にやさしい生き方とは、すでに先住民が行ってきたものであり、文明の洗礼を受けて、今日では失いつつある生き方でもある。

宇宙開発に向かう技術と、その対極にあるように思える先住民の考え方、生き方に目を向ければ、自然を大事にし伝統文化を重んじる、そうした在り方にもどるような兆しはすでに世界の至る所に見て取れる。

銀行、金融資本が経済社会を支配していることは確かだとしても、二一世紀の今日、それが以前と同じようには機能していない。それは時代がクラウドに替わってブロックチェーンを誕生させ、銀行およびマネーそのものを否定するがごとき暗号通貨（「注目のベンチャー3」参照）をつくり出している流れからも明らかであろう。

金融が意味をなさない時代に、最近のシェアエコノミーなどに典型的だが、クルマも部屋も食料も、何でもシェアする時代になっている。

すでに日本でも家電その他、家財道具は処分するのにお金がかかる。一歩先を行く若者たちは、そのつもりになれば、一切カネをかけずに、すべての生活必需品を揃えることができる。足りないお金はネット上で盛んなクラウドファンディングを利用すれば、無一文でも何かをやろうとして、その価値が認められれば集まってくる可能性がある。

無駄なものを排除し、余っていれば何でも分け合う。シェアエコノミー、リサイクルなどエコロジーでエコノミーな在り方が、世界の救いになる時代になりつつある。

それは成長そのものを絶対的な善＝価値として疑うことのなかったル・ネッサンス以降の文明世界の在り方に対して、実は成長そのものは目的たり得ないのではないかという大きな方向転換を迫る。宇宙からの発想の意味するものでもある。

成長の先に幸せはあるのか。十分成功してきたはずの文明世界が、なおテロや戦争、飢餓に苦しみ、感染症が蔓延し、世界の砂漠化が進行している。われわれの幸せは、そうした現実から目を背けることによって、辛うじて実現していく。そこに持続可能性はあるのか、勝ち目のない賭けを続けているようなものではないのだろうか、といった反省の上から現代を見る。それがそのまま宇宙的発想にリンクするということである。

宇宙的発想による愛国心

宇宙的発想の根本は何かと言えば、一つの命、一つの国、世界が全体を構成しているという事実をもとに、あらゆることを考える思想である。そこでは、あらゆるものの本質が問題になる。狭い意味で考えられがちなナショナリズムや愛国心も同様である。

愛国心とは突き詰めて考えれば、宇宙愛ということになる。大宇宙の前に自国はほとんど何の意味もない。同時に、本当に自分の国を愛することができるならば、地球の未来はちがって見えてくる。そこでの問題は、実は本当の意味での「愛国心」が足りないことに、世界が気がついていないことだろう。

宇宙から世界を見れば、そこに地球特有の模様のようなものがあって、万里の長城が見えたとしても、国境はない。せいぜい線のような境目があっても、人間社会がつくった世界地図のように色分けされているわけではない。

一国の愛国心は、例えば日本を愛するならば、気安く語れる安易な防衛を含めた武力や勝利に向かうのではなく、世界に愛され尊敬される国でなければ意味はない。

自国が誇るべき国である条件とは、本来は世界から理想とされる国の姿である。そこでは大国が力任せに、小国を従わせても、表向きの称賛と尊敬しか得られない。恨みを蓄積し、報復のチャンスを常に狙われて、それが無理とわかれば、テロの標的とされるぐらいなものである。

平和主義ではなく、核武装や防衛力強化につながる愛国心は、世界の聖人や有識者が語る進化の途上として、常に否定されている。

人間社会の実態に学ばなくとも、地球創生以来の歴史を見れば、自然界には敵も味方も勝ち負けも、あるように見えて、実はない。邪魔者にされる毒や糞尿といった廃棄物すべてが共存し、必要とされている。それら自然が語っていることは、何事も相手を敵と見なしている限り、そこに進化はないということである。

近年の分子生物学をはじめとした科学の成果を先取りする形で、多くの識者が生存競争に勝ち抜くため、科学が破壊する力に用いられていることを嘆き、そうではなく異質なものが調和したときに進化を遂げるとのメッセージを続けている。争っているうちは、まだまだ人類（ホモ・サピエンス）の時代は始まっていないというわけである。

イノベーションに価値があるとすれば、その一つは宇宙空間では地上では対立している国同士でも協力し助け合わざるを得ないことだろう。そこでの合言葉は「戦っている場合ではない」ということに尽きる。

宇宙への取り組みと、その後の展開はそのことを教えてくれる。

それこそが、宇宙からの発想、そして宇宙からの視座が有効な理由の一つである。同時に、宇宙旅行に多くの人間が行く時代への期待でもある。

先住民たちがメッセージするもの

科学が文明をもたらし、ある種、現代の「神」と化している現在、文明の発達を素直に喜べない現実があることは、人間の心と体のクリニックを行ってきたハワイの「ジュジュベ・クリニック&サロン」（亀井士門院長）を訪ねればわかる。

先住民とは何かを、単純に考えれば、文明によって住む土地を追われた、それ以前に住んでいた人間である。大半は国を追われ、途絶えた民族も多いが、いまなお世界各地に残っている。オーストラリアのアボリジニなどは、その代表例である。

だが、そのアボリジニはかつてのアボリジニとは異なる。ほとんど砂糖を採らず、伝統的な食事をしてきた時代から、彼らの世界にも文明生活が浸透してきて、便利な加工食品・インスタント食品を食べ、甘い清涼飲料水を飲むようになった結果、糖尿病をはじめとする慢性病が蔓延して早死にするようになっている。

そうした文明化の悲しき実態が、砂糖の怖さを自らを人体実験に記録したオーストラリア人監督によるドキュメント映画「あまくない砂糖の話」（二〇一六年日本公開）の中に、砂糖の怖さを伝える一例として紹介されている。

もちろん、文明に毒されてきたのは、ハワイも例外ではない。

最先端の科学を語るとき、あるいは二一世紀の世界の持続可能性が語られるときに、世界の先住民の伝統文化・考え方が脚光を浴びるのは、その反省の結果である。

先住民の生き方とは、要するに「環境と調和して精神的に豊かに暮らすこと」である。そして、文化とは『岩波国語辞典』を開けば「2．人類の理想を実現していく、精神の活動（以下略）」

と書いてある。

世界地図の中の日本とハワイは、いわば日出る国と日の沈む国である。世界のセレブが集まるハワイのクリニックをパートナーに、地球のリフォームをキーワードにしたハワイ独立主権国の「ランド・オブ・アロハ世界平和プロジェクト」が、先住民の思想と伝統文化の現代における意味と役割をメッセージしているのは、偶然ではないだろう。

アメリカをはじめとする文明社会の在り方とハワイの現状を「おかしい」と自らの心に問いかけながら、ハワイの王様の末裔プウホヌア・バンピー・ケイキ・カナヘレ元首は生きてきた。その協力者であるジュジュベグループのジェナ・クローリー代表および亀井士門院長も、そのことを日本人のハーフとして、クォーターとして、日本人以上に感じ取っているからこその、生き方と行動をする。

進歩と成長を旗印に行われてきた環境破壊＝自然の破壊を、これ以上続けさせないため、次なる世代に持続可能な地球を引き渡すためにやらなければならないことを行う。それがハワイを舞台に日本の協力のもとに進められるランド・オブ・アロハ世界平和プロジェクトである。

ハワイの先住民からのメッセージ「ランド・オブ・アロハ世界平和プロジェクト」については「注目のベンチャー2」と「注目のベンチャー3」の大きなテーマになっているが、そのベースにあるのは、彼らの現代文明・物質文明に対する危機感である。

日本列島を世界遺産に

世界の資本主義において、広く欧米社会を知る企業人、経済学者が等しく指摘するのは、日本では堂々と「世のため、人のため」を社是、理念にする企業が多いことである。

しかも、百年企業が全国各地に当たり前に存在する、世界でも希有な経済大国である。近年の金融資本主義の洗礼を受けて変質しつつあるとはいえ、なお江戸時代からの日本的資本主義ともいえる利他の資本主義が連綿と受け継がれてきた結果である。

ＡＩの進展による来るべき未来が、日本にどのような変化をもたらすかは、そのときになってみなければわからない。だが、ＡＩの追求する世界、あるいはスパコンが開拓していく世界が、これまでのＡＩ、スパコンの欠点並びに弱点を埋める要素であることからハッキリ言えることは、ＡＩ、スパコンが今後、備えるべき特性の多くのものは、日本人がすでに持っているということである。

それはビジネスの世界で、日本企業が勝ち抜くことができなかったとしても、その価値は変わらない。

0と1の組み合わせでできているコンピュータは、0と1の間にある見えない部分を見ることがないのに対して、日本人は感覚的に0と1の間に何かがあると感じている。

日本人のあいまいな態度は、直接的な表現には向いていないが、言葉にしないと基本的に意思疎通ができない欧米人とはちがって、相手の気持ちをくみ取るとか、あいまいなまま「あうんの呼吸」として共有することができる。

科学技術面に関しても、例えば現在では当たり前になった科学的な思考法の一つである「複雑系」という概念について、日本人科学者はすぐに理解する。

そうした日本人の世界観が今後のＡＩ開発、スパコン開発の最大の強みになってくる。日本は現在、世界一の産業用ロボット大国だが、いわばアニメ、日本食、その他日本の文化がクール・ジャパン、ジャパン・クールとして世界をとりこにして来たことの先には、さらなる日本の文化並びに力が必要とされる時代が来ているということだろう。

日本食に続いて、すでに多くの無形文化財や観光地が「世界遺産」として登録・申請される時代に、全国各地で世界遺産候補が出番を待っている。

世界遺産が注目されるのは、そこにビジネスとしての価値が生まれるからだが、宇宙的な発想からは地球そのものが世界遺産である。その地球上でマルコ・ポーロの「東方見聞録（黄金の国ジパング）」を例に上げるまでもなく、日本は世界の歴史の中で、極めて特異な極東の小国・島国となっている。その歴史および自然環境などから見えてくることは、日本列島そのものが世界遺産だということだろう。

江戸期、三大花街の一つであった新潟・古町には、いまも花街文化が残っている。その芸妓衆から「おとうさん」と呼ばれる酒販店の会長は、佐渡をはじめ全国各地で世界遺産の登録申請が行われていることに関して「それでは日本の本来の価値がわからない」と言って「日本列島全体を世界遺産に」との持論を展開している。

事実、日本の変質を嘆く多くの声と現実がある一方で、なお残されている価値はある。そして日本列島そのものが世界遺産ということは、そこに先住民の発想と生き方、伝統文化が残されているからでもある。

もちろん、そこにおける先住民とは文明に毒された先住民ではなく、ハワイその他、かつての伝統的文化的な生活を送ってきた時代の先住民のことである。

注目のベンチャーに共通するもの

第一章は「世界標準モデル」として、宇宙を目指すベンチャーと宇宙からの発想の現代的な意義を宇宙という最先端とハワイの先住民の生き方を通して紹介している。そのベースに共通してあるのは「平和」というキーワードである。

具体的には「注目のベンチャー1」では、現在の宇宙開発の最先端におけるおおよその状況を理解できるように、アメリカの事情にも通じている国際宇宙ビジネス・コンサルタント「スペースアクセス」大貫美鈴社長の仕事ぶりをクローズアップしている。

その最後に、人間が宇宙に行くことによって、どのような変化があるのか。科学技術やビジネス的な側面だけではない意外な効果、興味深い変化を「オーバービュー・エフェクト」（宇宙からの視座）という言葉をもとに紹介している。今日のテクノロジーの到達点として考えられる、別の一面を暗示するキーワードだからである。

「注目のベンチャー2」および「注目のベンチャー3」でハワイのジュジュベ・クリニック&サロンと、ハワイ独立主権国の基軸通貨である暗号通貨「アロハコイン」（有限会社ゴールドコマンド）を取り上げているのも、そのことと関連してのことである。

二一世紀の最先端技術と成長の限界を前にして、その理想型を思い描くとき、持続可能性の視点から、現在世界で起きている様々な分野における変化、限界とその突破口となるものが、そこにはあるということ。そして、それはすでに指摘しているように、ハワイをはじめとした世界各地の先住民の社会に、いまもあるということを証明しようする試みでもある。

第二章から第四章では、世界に伝えるべきキーワードとともに、日本のベンチャーの持ち味、特徴、底力をクローズアップしている。

第二章は「世界のビジネスセンター」としての日本の中小企業の役割、底力をいくつものキーワードによって紹介。

日本の大企業を技術開発面で支える「日南グループ」（堀江勝人代表）では、日本の中小企業パワーの原点をなす、例えば「開発総合支援」「地域密着」というキーワードとともに、縁の下の力持ちのため、一般には知られない日の丸ベンチャーの「すごい会社」の内容と、温泉による地域起こし「妻湯プロジェクト」のさらなる可能性をクローズアップしている。

スカイツリーを支えるバネづくりで知られる「東海バネ工業」（渡辺良機社長）は「社員が幸せになる（社員満足度）」「多品種微量生産」といったキーワードで、メディアではよく知られているが、その会社並びに働き方を再考することを通して、雑誌掲載後の二〇一六年、新オフィスに移転。新ビルに移って、新たにテレビ会議、フリースペース、窓際のソファの導入の他、特定のデスクを決めないフリーアドレス制など、実に先進的な職場環境づくりを行っている、一つの理想的な中小企業モデルとしてクローズアップする。

少子高齢化が進行する日本での労働力不足にいち早く対応。高齢者人材派遣会社「高齢社」を成功させた創業者・上田研二最高顧問が、高齢者ビジネスとともに必要なものとして始めたのが障害者を視野に入れた株式会社ユメニティである。

自ら、難病・パーキンソン病と戦う経営者として知られる、その筋金入りの「反リストラ」、「人本主義」などを貫く、その生き方・日本的経営を紹介する。

第三章では、近年の日本の少子高齢化、デフレスパイラルからの脱却など世界の「課題先進国」としての取り組みを「地方創生モデル」としてクローズアップ。

新潟の航空機産業への進出を演出・サポートする新潟市役所が展開する「ニイガタスカイプロジェクト」（宮崎博人リーダー）という行政らしからぬ取り組みを、一人のプロデューサーの活躍を通して「地方創生（新潟の原点）」「わらしべ長者」といったキーワードとともに紹介している。

気象と人間の関係に着目する「生気象学」をテーマに、あらゆるビジネスを健康と安全へとつなげる「ライフビジネスウェザー」（石川勝敏社長）は、気温や天候と人間の行動との相関関係を追求。「健康と安全・安心」、「気象情報とサービス」というキーワードを掲げて、高齢化社会および地方創生のためのビジネスモデルづくりを展開している。

アメリカ仕込みの合理的な経営に欠けている「楽しさ」を経営学に取り入れる「最幸経営研究所」（篠田法正代表）は、大人が失いがちな夢に目を向けて、その夢の力を「ドリプラ」「感動と共感」というキーワードにして、その取り組みを企業内ドリプラという画期的な研修にする。

特に現代に必要とされているものとして、楽しく、しかも社内も企業も変わっていく新しい研修モデルを展開している。

第四章では、すっかり手垢のついた形のクール・ジャパンだが、その原点をなす日本の伝統文化を新旧異なる分野から紹介。

古民家再生を手がけて、建築の持続可能性を追求する「金沢設計」(赤坂攻社長)は、木が持つ力を形にして、一〇〇年残る建築を目指す。「神様のデザイン」「職人の力」といったキーワードとともに、エコロジーでエコノミーな、つまりは自然にやさしい、リサイクルを基本とする木の文化の本質を古民家再生を通して展開している。

北大路魯山人の宿として知られる加賀・山代温泉の老舗旅館「あらや滔々庵」(永井隆幸社長)は、「ミシュランガイド富山・石川版」の旅館部門に掲載される、日本を代表する「一度は泊まりたい旅館」である。「不易流行」「自分たちが住みたい町」といったキーワードを通して、世界に通用する伝統的な日本の美・和のこころ、老舗ならではのおもてなしのサービスを紹介する。

業界を横断するIT検証の重要性を訴え続ける「ブイラボ」(浅井清孝社長)は、日本の伝統文化とは無縁のように思えるが、宇宙開発並びにAIが日本的なるものを必要としているように、IT検証分野でも日本のサービスは、今後必要とされるとの確信のもとに「第三者検証」および「検証サービス」をテーマに新しい検証ビジネスの世界を模索する取り組みを紹介している。

新旧といった産業・分野のちがいもあり、舞台は異なるが、それぞれに日本の美意識やもったいない、おもてなしという世界共通語となったサービス・文化・考え方が底流に流れている。

つまりは、本書で取り上げる一二社すべてに、日の丸ベンチャーとして、本来の日本的経営が貫かれている。

「世界のビジネスセンター」としての日本は、その一方で世界に先駆けて遭遇する少子高齢化社会でもある。そうした状況下でのデフレ経済脱却など、世界の「課題先進国」としての取り組みを続けている。

クール・ジャパンという言葉とともに日本の伝統文化や企業の在り方を、宇宙的な発想並びに先住民の生き方につながるものとしてクローズアップしているのも、持続可能性という発想のもと、日本のものづくりの根幹をなす様々な日本的なるものが、いまの時代に必要とされていると信じるからである。

第1章　世界は平和を目指している

■■宇宙と日本・先住民族の世界はつながっている■■

注目のベンチャー 1

国際商業宇宙ビジネスを推進する「スペースアクセス」株式会社

大貫美鈴代表取締役／東京都港区

日本の補給機「こうのとり」の快挙

宇宙をめぐる世界の動きは華々しい。日々、変化と躍動に満ちていることは、序章でも紹介している通りである。その動きを見れば、日本のテクノロジーおよびイノベーションやベンチャーの現状と将来、そして日本経済の置かれた環境と課題も見えてくる。

近年の宇宙をめぐる日本の動きに関しては、輝かしい成果もあれば残念な結果もある。

二〇一〇年五月に打ち上げられた日本初の金星探査機「あかつき」は金星の周回軌道入りを主エンジンのトラブルにより失敗した。だが、それだけでは終わらなかったことがすごい。五年もの間、太陽の回りを飛行していた後、二〇一五年一二月に小型エンジン四基を噴射した結果、五年ぶりに金星を一周する楕円軌道に入ることに成功した。

まるで「はやぶさ」に次ぐ奇跡的な快挙だと話題になったが、その半年後の二〇一六年二月に打ち上げられたX線天文衛星「ひとみ」は打ち上げ早々、運用断念に追い込まれている。単純ミスとお粗末な安全設計の結果だという。

そんな試行錯誤が続く中、二〇一六年八月には国際宇宙ステーションへの物資の輸送に日本の補給機「こうのとり」が成功する。ロシアが補給に失敗、米スペースXのドラゴン宇宙船を載せたロケットが爆発したことにより、国際宇宙ステーションへの輸送手段を失った中での快挙として、日本の宇宙における存在感を示すことになった。

二〇一七年三月には、三菱重工とJAXA（宇宙航空研究開発機構）が政府の情報収集衛星を載せたH2Aロケットを打ち上げて、二七回連続の成功を達成した。成功率は九七％と技術の確実性も高まっている。

だが、米ブルーオリジンのニューシェパードに続いて、米スペースXが回収ロケットを使ったファルコン9号の打ち上げに成功。すでにロケット・衛星の打ち上げ事業はリサイクルと低価格化および量産化が、熾烈な開発競争を勝ち抜く条件になっている。

アメリカをはじめ外国勢がリードする宇宙開発を、日本でも成長産業にするため、次世代機H3Aを投入する二〇二〇年度に向けて、弾みをつけたいところである。

一方、小型人工衛星打ち上げ用ロケットの開発が世界で活発になる中、H2Aロケットの成功の陰では、日本でもキヤノン電子がJAXAに機体の制御システムを供給したミニロケットが、二〇一七年一月の打ち上げに失敗。直径約五〇センチ、高さ一〇メートルの電柱サイズであることから〝電柱ロケット〟として注目されており、次回の打ち上げではリベンジを果たす打ち上げ成功に期待がかかる。

もちろん、結果は失敗に終わったが、すべてが無駄になるわけではない。キヤノン電子は小型衛星開発に参加しており、他の産業分野から宇宙に進出すること自体が、イノベーションにつながり、本業にフィードバックできる技術として、今後に生きてくる。

気がつけば、日本に替わって世界第二の経済大国になった中国が、二〇一六年一〇月に六回目の有人宇宙飛行を成功させている。宇宙開発の分野でも宇宙開発競争における日本の存在を脅かしている。

進展著しい近年の宇宙開発の推移を見るために、まずは二〇一五年当時の国際宇宙開発ビジネスの状況を取り上げよう。初出のビジネス情報誌『エルネオス』の「ベンチャー発掘！」（二〇一五年四月〜五月号）を一冊の本にするに当たって、その他の「注目のベンチャー」同様、多少の手を加えている。

＊　＊

宇宙産業新時代

「空の産業革命」と言われる時代。二〇一五年は映画「バック・トゥ・ザ・フィーチャーパート2」の舞台となった年だ。映画にある空飛ぶ自動車が街を飛び交うことはないが、SFの世界が科学技術の発達によって、確実にその世界は見えてきている。ドローンと呼ばれる無人飛行機やロケットなどが話題になる、その先には国が主導してきた宇宙開発の多くの部分を民間が担うという新時代「宙（そら）の産業革命」がある。

これまで国家間競争の象徴として行われてきた世界の宇宙開発は、冷戦後の今日、各国それぞれの国力、経済力、技術力、国情のちがいから、独自の取り組みが行われている。

同年一月、日本政府は国家戦略となる新宇宙基本計画を発表。安全保障の強化を狙った事実上の偵察衛星となる情報収集衛星の積極活用を打ち出した他、日本の上空に長時間止まる準天頂衛星を二〇二三年度までに一基から七基に増やすことを決めるなど、日本の宇宙産業は、今も官主導で行われている。

民間が五割を稼ぐという欧米の宇宙産業に対して、日本では宇宙航空研究開発機構（ＪＡＸＡ）や経済産業省などからの受注が九割を占める。

背景には、宇宙開発に膨大な予算がかかり、その成果は何年も先のことになるという通常の技術開発とは異なる宿命がある。国家事業として推進されてきたのは当然である。だが、その一部分を民間企業が肩代わりしたことから、宇宙は商業ベースの産業となり、宇宙旅行も民間企業や一般人にとっても手の届かないものではなくなりつつある。そして、宇宙が急速にベンチャーの対象となったのが、近年の世界的な宇宙開発を巡る状況である。

日本でも、カナダ、韓国に次ぐ海外三カ国目として、アラブ首長国連合（ＵＡＥ）でのロケット打ち上げ受注に成功。日本のＨ２Ａロケットの改良型Ｈ２Ａは日本初の商業衛星として、三菱重工が中核となるなど宇宙開発をリードしてきた三菱重工など中核となる企業も、商業化の中で進化している。

もちろん、欧米は日本のはるか一〇年先を行っている感はある。

世界の宇宙産業の売り上げ規模は、二〇一三年で約三〇一四二億ドル（三七兆七〇〇〇億円）とされる。そんな中、日本は二五〇〇億円、防衛関係を含めても三〇〇〇億円というのが、その実態である。

「その金額って、企業によっては一社分の売り上げ規模でしかない。信じられないでしょうけど、それがこの数十年の日本の宇宙開発です」と語るのは「スペースアクセス㈱」の大貫美鈴代表取締役（宇宙ビジネスコンサルタント）である。

アメリカの宇宙ベンチャーの業界団体である「スペースフロンティア財団」に所属、二〇〇八年にスペースアクセスの母体となる企業を設立。海外と日本の宇宙ビジネスのブリッジ役として活躍する商業宇宙ビジネスを広めるための、いわば女性伝道師である。

宇宙の民間利用

宇宙開発の商業化のイメージは、宇宙ビジネスコンサルタントとして、大貫代表取締役（以下社長）が扱う事業内容を見ると、その概要がわかる。具体的には、宇宙の商業化全般にわたる。

1. 宇宙飛行機会利用サービス

宇宙実験、宇宙旅行から宇宙での衣食住や宇宙の文化利用まで、航空機による弾道飛行・サブオービタル（準地球軌道）やオービタル（地球軌道）宇宙飛行機会の販売、またそれらの飛行機会を利用したプロジェクトの企画、コーディネート、支援などを欧米宇宙企業との契約に基づき実施する。

2. 宇宙開発の調査・コンサルティング

宇宙開発分野における調査・コンサルティング、およびプロジェクト支援など。

3．宇宙開発の普及・啓発

宇宙イベントや展示の立案・実施。国連が定めた世界宇宙週間の日本における宇宙教育イベントの普及など。

宇宙開発の民間利用を広めるため、小型衛星利用、国際宇宙ステーションを利用した無重力環境利用、将来に向けた小惑星や月の資源利用など、商業宇宙開発の市場創出・拡大を行っている。

「宇宙を使うこと、利用することは特別なことではない」という大貫社長は、「現在は一昔前に比べると、小型衛星をはじめ、いろんな宇宙プロダクトサービスが出てきて、価格的にもアクセスしやすくなっている。宇宙旅行に行きたい人にだけではなく、宇宙はみんなに開かれています。これまでの宇宙探査のように未知の探究など科学目的に加え、宇宙経済圏が拡大しつつあり、日本にとっても宇宙ビジネスは大きな成長産業です。宇宙商業に関して、日本はこれまで遅れていた分、伸びしろも大きい」と、強調する。

宇宙商業化の流れは、国際宇宙ステーションの貨物便サービスに見られるように、米航空宇宙局NASAが民間からサービスを購入するというパラダイムシフトがあり、民間企業による小型衛星の利用やサブオービタル機による宇宙旅行の実現など、宇宙市場の拡大が期待されている。

宇宙旅行時代

宇宙ファンだけではなく、近年、日本で宇宙が大きな話題になったのは、小惑星探査機「はやぶさ」の帰還と民間人による宇宙旅行の話題である。

宇宙飛行士しか行けなかった宇宙に、民間人が特定のミッションを持たずに行くという「宇宙旅行」は、二〇〇一年、アメリカの実業家デニス・チトー氏が国際宇宙ステーションに行ったことに始まる。二〇〇四年には宇宙旅行機「スペースシップ1」が地上一〇〇キロメートルを越えて宇宙圏に到達、サブオービタル機の開発により、宇宙旅行はより現実的になっている。

宇宙旅行には三種類ある。一つが地球の軌道を回るという意味のオービタル宇宙旅行。四〇〇キロメートル上空の軌道を回って、国際宇宙ステーションに一週間ほど滞在する。価格は四〇億円以上する。

一方のサブオービタルは弾道（準軌道）という意味で、高度一〇〇キロメートルへ弾道のような軌跡で上昇し、約五分間の無重力体験をして帰還する宇宙旅行。価格は二〇〇〇万円から三〇〇〇万円。

もう一つが月旅行であり、こちらは一〇〇億円以上かかる。

月旅行はさきおき、当初の宇宙飛行士試験に合格しなければ行けない時代は去って、誰でもお金さえ出せば宇宙旅行を楽しめる時代が到来している。

宇宙観光事業を手がける米スペースアドベンチャーズのツアーは、今日まで、リピーター一名を含めて、七名が二〇億から四五億円する「宇宙旅行」を実現。ロシアの宇宙船「ソユーズ」での国際宇宙ステーションへの観光を目指し、民間人として八人目となる大物歌手サラ・ブライトマンが訓練中である（その後、辞退）。

日本からもロシア星の街で行われる訓練に二人が参加している。さらに、より手軽に宇宙旅行体験が味わえるサブオービタル宇宙旅行も世界中から予約が入っている。

そんな矢先に起きたのが、二〇一四年一〇月のヴァージンギャラクティックの宇宙船「スペースシップ2」の事故である。テスト飛行中、輸送機「ホワイトナイト2」から切り離された直後に墜落し、テストパイロットが死亡した。

最先端技術と同時に安全性が問われる宇宙開発の難しさだが、宇宙ベンチャーの試練とチャレンジが続く。

宇宙旅行レースの行方は、まだわからないが、ずっと途絶えていた民間人による宇宙旅行が実現したとき、宇宙旅行ブームが再来すると見られている。

宇宙ホテル構想

日本の宇宙開発における商業化の歴史は、ほぼ大貫社長が宇宙ビジネスと出会う清水建設入社後の歩みと重なっている。

一九八〇年代末、当時の建設省がニューフロンティア懇談会で、地下・海洋・砂漠・極地そして宇宙へと人類の活動領域の拡大に向けた具体的な施策が始まったことを受けて、ゼネコン大手が続々と宇宙産業に参入した。

清水建設、大林組、大成建設など各社が宇宙専門の部署を設立した。「地図に残る大きな仕事」の現場に興味があった彼女が配属されたのが、新設の宇宙開発室。そこで企画・調査研究・広報などを担当した。

宇宙開発室で「宇宙ホテル」構想を企画提案。文系の大貫社長にとっては、衣食住遊が取り込めることから宇宙にのめり込むことになる。

意外なようだが、それまでフォン・ブラウン博士のリング型の宇宙ステーション構想や一九六九年の米プリンストン大学オニール博士の壮大な宇宙コロニーの構想はあったものの、一九八〇年代に一企業が提案する宇宙ホテル構想は、海外にもなかった。

「宇宙ホテル構想がそれまでの宇宙開発プロジェクトと大きく異なるのは、夢でしかなかった宇宙旅行が私たちでも宇宙に行けるという当事者意識を持って、身近にイメージできるところです」

いわばハワイのホテルを見れば、リゾートで過ごす自分の姿が想像できるようなものである。

宇宙ホテル構想のプレゼンのために、実際に展示会にも出展した。宇宙ホテル構想の反響は大きく、問い合わせに止まらず、宇宙旅行についてのありとあらゆる情報が世界中から入ってくるようになり、彼女のいた宇宙開発室は宇宙旅行の窓口のようになる。

入社当時から、国際宇宙大学（ＩＳＵ）の日本事務所のコーディネーターを担当。多くの国に宇宙つながりの友人ができて、そのネットワークが現在のコンサルタントの貴重なベースとなっている。

建設会社には人が安全に、そして快適に住める場所を開発するという使命がある。宇宙に人が住む時代になれば、そこでも建設会社のノウハウが生きるということである。そこに、日本独自とも言える総合建設業の使命もある。

それは宇宙を一つの市場と見た場合、地球上で必要とされる衣食住のあらゆる産業が、そこでも当てはまるということを意味する。

宇宙旅行一つとっても、その窓口になる旅行代理店、ツアーに付随する宇宙保険、ファッション、宇宙での結婚式など、あらゆるものが関わってくる。宇宙食に関しても、かつてのチューブといったイメージではなく、地上のインスタント食品と変わらない形のものに進化している。最近は、特に日本食が人気でレトルトカレー、ラーメンまで、一事が万事、技術の進展と密接に関わりがある。

そうした宇宙での衣食住に関する取り組みが、二〇〇〇年からＪＡＸＡとの共同研究の形で始まった「女性宇宙フォーラム」である。大貫社長も総合コーディネーターとして関わった同フォーラムのキャッチフレーズは「宇宙での衣食住」である。

宇宙開発の歴史は、宇宙も地球同様、いい意味でも悪い意味でも、ビジネスの大きな市場であることがわかる。宇宙ゴミ（スペースデブリ）や不審な衛星の探知・動向調査など、まさに地球レベルの対応が課題となりつつある。そのそれぞれがビジネスの対象となる。

ベンチャーの熱気

だが、バブルの崩壊とともに始まったゼネコン冬の時代に、清水建設でも大規模なリストラが行われて、彼女も二〇〇二年に退社。二〇〇三年から二〇〇四年にかけての一年間をアメリカのボストンで過ごす。ボストン滞在中にアメリカの宇宙開発の動向を見たことが、日本での独立、コンサルタントへの道につながる。

当時、彼女が頼ったのが、清水建設時代にお世話になっていた通信業界のモーグル（大御所）と呼ばれた人物。彼からスペースフロンティア財団を紹介してもらい、アメリカ人以外の初めてのメンバーとして参加。アメリカの民間宇宙開発のすさまじい活気に触れたことが、今日につながる大きな財産となる。

9・11同時テロのショックを乗り越えたアメリカは、ブッシュ大統領が大差での再選へと向かう時期であり、宇宙開発に関してもスペースシップ1が宇宙飛行を達成しようというベンチャーの熱気があふれる時期であった。

日本とは異なるベンチャーの活発な動きを目の当たりにした彼女は、これまでとはちがうもう一つの世界を知って「それ以来、宇宙ベンチャーが気になって好奇心に火がつきました」と、当時の興奮を語る。

帰国後、一時期、JAXAに席を置いた後、独立。商業宇宙ビジネスをターゲットに、宇宙とアクセスすることによって生じる様々なビジネス展開を提案。その後の彼女の歩みは、お世話になった清水建設をはじめ、彼女が席を置いてきた所属先で得てきたものを生かす道であり、同時に商業宇宙ビジネス市場創造という形での恩返しでもある。

宇宙科学者、工学部卒の専門家が多い業界で、女性ならではの視点を活かしたデザイン面からのアプローチとして、二〇〇五年に宇宙旅行服コンテストを企画。二〇〇六年に東大で世界初という宇宙ファッションショーが行われている。それも、二〇〇九年のニューヨークファッションウィークを最後に開催されていないが、宇宙ホテル構想の延長線上には、彼女が女性の視点から携わってきた多くの提案がある。

月面無人探査国際レース

宇宙旅行への期待がますます高まる中、宇宙関連のニュースは多い。二〇一五年一月には米グーグルが天才起業家イーロン・マスク率いるスペースX社の四〇〇〇衛星プロジェクトに一〇億ドルという莫大な投資を行うと発表して、大きな話題になっている。グーグル以外でも、英ヴァージングループと米ベンチャーのワンウェブによる六百基計画など、小型衛星によるブロードバンド・インターネット計画が目白押しの状態である。

宇宙開発における民間の積極的なチャレンジが続く。その攻略分野はリモートセンシングや通信から月探査、さらには火星へと拡大するばかりである。

同じく、グーグルがスポンサーになって行われている民間による月面無人探査を競う国際レース（賞金総額三〇〇〇万ドル）で、一定の技術試験に合格した五チームに「中間賞」が贈られたというニュースもある。

日本からも宇宙開発ベンチャーのアイスペース（袴田武史社長）が運営するチーム「ハクト」が参加。東北大の吉田和哉教授が開発した月面を走る無人探査車の性能が評価され、中間賞と賞金五〇万ドルを獲得した。日本の月面探査は二〇〇七年に探査衛星「かぐや」を打ち上げて以降は停滞している。日本でも、民間が国の肩代わりをするといった興味深い事例となっている。

民間への期待が大きいのは、国が主体となって進められてきた宇宙開発が、その性格上、市場原理が働きにくく、その分コストが下がらないからである。中でも、民間による懸賞レースが重要な役割を果たしてきたことは、例えば一九二七年にニューヨークのホテル経営者レイモンド・オルティーグが主催した大西洋無着陸横断飛行レース（賞金二万五〇〇〇ドル）で、チャールズ・リンドバーグが単独での横断に成功。民間航空機産業の発展の礎となっている。

宇宙開発では二〇〇四年に民間宇宙船スペースシップ1が高度一〇〇キロを突破する宇宙飛行に成功した。この偉業もXプライズ財団が主催した賞金レース（賞金一〇〇〇万ドル）の成果であった。

誰でも宇宙に行ける時代への期待は高まるばかりだが、日本では一足先に世界初のロボット宇宙飛行士「KIROBO」による宇宙旅行が実現している。KIROBOはトヨタ自動車、電通、ロボ・ガレージ、東京大学による共同プロジェクト「KIBO　ROBOT　PROJECT」のロボット宇宙飛行士である。

およそ一年半滞在した国際宇宙ステーション（ISS）から帰国。二〇一五年三月に日本未来科学館で行われた帰朝報告会で、宇宙から見た地球について「地球はまるで青色LEDみたいに輝いていた。今度、宇宙へ連れていってあげるよ」と、ロボットらしい（？）コメントを残している。

宇宙からの視座

宇宙旅行が誰でも行けるようになるということは、どういうことなのか？

その一つは宇宙開発における最先端の科学・技術が民間その他の分野に流用されることによる波及効果。特に、技術開発の進展による経済効果が大きい。そして、それ以上に注目されるのが、オーバービュー・エフェクト「宇宙からの視座」を体験することによって地球を客観視できることである。

かつて地球上に君臨した恐竜が絶滅した原因とされる小惑星との衝突の危機を回避できるといった科学技術面での貢献のみならず、大貫社長は宇宙からの視座を「宇宙開発の大きな財産」と位置づける。

これまで宇宙に行った五五〇人以上の宇宙飛行士が地球の美しさや命の尊さ、地球や宇宙の環境保全の大切さなどを伝えている。実際に宇宙から帰還した後、宗教者になった宇宙飛行士もいる。

サブオービタル機により、手軽に宇宙旅行を体験できるようになれば、宇宙飛行士が伝えてくれたことを多くの人が自ら体験して、そして伝えることになる。

「特に宇宙に興味がない、別に行きたくないという人たちにとっても、普通のお兄さん、お姉さんが宇宙旅行を体験して、宇宙からの視座を味わって、それまでの生き方とは百八十度異なる意識になって帰ってくる。かけがえのない地球を守ろう、宇宙をゴミで汚すなどとんでもないなどと言いだす。今までは地球を代表して宇宙に行っている宇宙飛行士が私たちに伝えてくれた。そんなすごいことを隣のお兄さんやお姉さんができるようになるんです。初期には数千万円かかりますが、サブオービタル宇宙旅行で宇宙はみんなに開かれます」と、大貫社長は指摘する。

バブル崩壊とともに、大半の建設会社が宇宙産業から撤退する中、日本における宇宙の商業化は、足踏みが続いた。だが、二〇年前に清水建設が提案した宇宙ホテル構想は、現在、アメリカのホテル王が宇宙ホテルをつくっているなど、ようやく時代が追いついてきたという状況にある。

企業における宇宙開発ビジネスの現場からＪＡＸＡも卒業して自由な立場の彼女は、来るべき新時代に先駆けて、例えば宇宙ベンチャー講座をはじめ、二〇一四年からは名古屋大学でグローバルリーダーを育てるグローバルリーダー養成研修で講座を担当している。

二〇一五年七月には、神戸で開催された国際会議でスペースポートのセッションも行われている。宇宙輸送機が帰着陸、または打ち上げられるための拠点となる商業スペースポートは、民間版ケネディスペースセンターとして、宇宙旅行、無重力実験、小型衛星の打ち上げなどの利用から、宇宙産業や関連産業、訓練、教育、リゾート、アミューズメント施設などが集積する宇宙に関する一大拠点として関心が高く、日本を含む各国での取り組みが進められている。

民間の宇宙ビジネスの火付け役として、彼女が著書『来週、宇宙に行ってきます』（春日出版）

を出版して、すでに八年。念願の宇宙旅行は、いまだお預けの状態が続くが、商業宇宙開発の現場では、様々な興味深い取り組みが行われている。

いま改めて脚光を浴びる時期を迎えて、大貫代表のチャレンジは続く。

＊　　＊

宇宙ビジネスにおける「創造革命」

本文でも触れているXプライズ財団が主催する月面探査機レースは、二〇一七年中に月面探査機を打ち上げ、月面で五〇〇メートル移動させて画像をもっとも早く地球に送ったチームが優勝する。

ａｕ×ＨＡＫＵＴＯとしてＣＭでもタイアップしているハクトは、いわばチーム日本としてアイスペース（ｉｓｐａｃｅ）社と東北大学の吉田和哉教授（宇宙探査工学）を中心に、ＫＤＤＩの他、ＩＨＩやスズキ、日本航空など大企業が技術を支援している他、二〇一七年三月には「朝日新聞」がメディアパートナー契約を結んでいる。

大貫社長がかつて清水建設時代構想している宇宙ホテルに関しては、すでに二〇一六年四月、試験モジュールを国際宇宙ステーションに打ち上げて、接続・展開して各種実験を行っており、宇宙で部屋を借りて滞在できる宇宙ホテルが、実現に向けて動き出している。

宇宙空間で風船のように膨らむことで、低コストでの打ち上げを可能にした宇宙ホテルを開発したのが、米宇宙ベンチャーのヒゲロー・エアロスペース。アメリカでモーテルを経営するホテル王ロバート・ヒゲロー氏が創業。二〇二〇年までに大型棟を運営する予定だという。

その他、雑誌掲載後の変化は、序章でも紹介しているが、日本でも多くの企業、ベンチャーが宇宙ビジネスに参入してきて、産官学の動きが活発になっていることだ。

具体的には二〇一六年一一月、日本でも宇宙産業の拡大を目指す「宇宙活動法」が成立、ロケットや衛星の打ち上げなど、宇宙産業への企業の参入を支援する体制ができてきたことから、JAXAの手がけるロケットや衛星に係わる三菱重工、キャノンの他、KDDI、ANAホールディングも宇宙ベンチャーに出資する動きも顕著になっている。日本でも遅ればせながら、宇宙の商業化に火がついた状況にある。

例えば、ホリエモンこと元ライブドア社長の堀江貴文氏が設立した北海道のインターステラテクノロジーズも、民間単独で国内初のロケット打ち上げを計画。同社には丸紅も出資しているなど、その動きが注目されている。

二〇二二年までに五〇基の衛星を打ち上げる計画を発表、超小型衛星の開発を手がける東大発ベンチャー「アクセルスペース」は、気象情報会社ウェザーニューズの気象衛星を手がけるほか、各方面から注目されている。

エイチ・アイ・エス（ＨＩＳ）とＡＮＡホールディングと資本提携した名古屋の宇宙船ベンチャーの「ＰＤエアロスペース」は、宇宙旅行の事業化に取り組んでいる。宇宙デブリ（ゴミ）の除去衛星を手がける「アストロスケール」も大手ベンチャーキャピタルのジャフコなどが出資、ＩＨＩの技術を用いるなど話題になっている。

一連の動きは、技術開発型の企業にとって、企業間の戦略パートナーショップにより、必要な技術がそこから生まれることが見込まれ、それぞれ得るものがある。多くの企業が続々と参入してきたのも、宇宙関連技術、周辺技術が本業の技術開発・製品開発に役立つイノベーションの重要な要素だからである。

何事も一足飛びには行かないが、宇宙ビジネスの現状に関して、そのスピードと変化を大貫社長は「破壊と革命が起きている」という言葉にする。

ＩＴの手法で、最初の段階で大きな投資を得て、なるべく早く開発して、次から次へと新しいバージョンのものを提供していく。それが一社だけではなく、多くの企業やベンチャーが雪崩を打つように開発を続ける。イノベーションが起きるようなビジネスモデルによって、宇宙の商業化が進んでいる。

イーロン・マスクが火星に移住する計画を究極の目標として打ち出しているのも、宇宙ビジネスへの投資を呼び込む大きな動機付けになっている。そうしたビジョンを示すことができる彼は、日本でいうカリスマであり「スケーラビリティ」なビジョンで、いわば普通の人が言えば、単なる夢物語やホラ話が、実際にロケットをつくり、資金力もあり、詳細な計画を発表していることから、嘘にはならない。そうした破格のビジョンを提案できる力を持っている。

それこそ、これからの宇宙開発を牽引する国家に代わる宇宙ベンチャーの底力というわけである。

小型衛星利用の進展、サブオービタル宇宙旅行の実現、商業宇宙ステーションの建設、月や小惑星などの資源利用や宇宙エネルギー利用など、低軌道から深宇宙へと宇宙経済圏の拡大とともに、宇宙ビジネスコンサルタントとしての大貫社長のビジネスの可能性も広がる。

これまで通り、海外と日本の宇宙ビジネスのブリッジ役、商業宇宙ビジネスを広めるための「女性伝道師」として、大学で宇宙ビジネス講座を持っている他、二〇一六年一〇月に東京ビックサイトで開催された「国際航空宇宙展」ではビジネストークショーを行うなど、来るべき日の準備に余念がない。

宇宙旅行レースの行方はまだわからないが、すでにバージン・ギャラクティック社の宇宙旅行には、約七〇〇人が申し込んでいる。そのうち日本人は二〇人ほどだが、彼らが宇宙に行く日がいつになるのか、いまからその日が楽しみである。

注目のベンチャー2

「ランド・オブ・アロハ世界平和プロジェクト」を展開する「ジュジュベ・クリニック&サロン」

亀井士門院長／ハワイ・ホノルル

アメリカの縮図としてのハワイ

全体の中の極端な辺境、小さな部分や地域をクローズアップすると、個別の事例が全体の意外な姿を浮き彫りにすることがある。世界はつながっている証拠でもあるが、その個別の事例を全体につなげるか、あくまでも個別の事例として例外にするかは、その時々の社会的な背景、政治・経済、権力者の都合など、様々な事情によって異なる。

ただし、ハッキリ言えることは、それでもそうした個別の事例は、それ自体に意味があるということである。

日本では、例えば沖縄で何が起きているのか、島根や鳥取の人口が激減する限界集落と呼ばれるような片田舎で、何が起きているのかという個別の事情をピックアップすれば、日本の将来を占う縮図ともなる。

同様にアメリカの第五〇番目の州ハワイで起きていること、そのホンの小さな動きが全米に影響しないとは限らないということだ。

ネット情報や各種動画が威力を発揮する時代だからというわけではなく、そこにはアメリカにとって都合の悪い真実とともに、アメリカの原点でもあるアメリカ人の好きな「フロンティア」がいまもある。

世界有数のリゾートとして、人気の高いハワイには真珠湾がある。そこはバラク・オバマ前大統領の出身地でもあり、日本とアメリカの両方に深い関わりがある。

二〇一六年の米大統領選で、後任のクリントン候補が負けた後、ハワイにもどったオバマ大統領は、安倍晋三首相を迎える形で、一二月七日（日本時間八日）に真珠湾での慰霊祭に参加した。オバマ大統領の広島訪問に対する返礼とも言われるが、全米で時に「リメンバー・パールハーバー」と、七七年前の真珠湾攻撃を持ち出されることがある中で、その攻撃目標となったハワイでは、単純に日本人を恨むということにはなっていない。

もちろん、学校教育の現場では日本による宣戦布告なき攻撃と教えられ、憎むべき対象とされるが、実はハワイには多くの日本人移民が暮らしていて、恨む対象とするには、あまりに多くの日系人がハワイに溶け込んでいるからである。

二〇一七年五月には、ホノルル国際空港の名称が、二〇一二年に亡くなった日系上院議員の名にちなみ「ダニエル・K・イノウエ国際空港」に改名されている。イノウエ氏は第二次大戦で米陸軍日系人部隊の一員として戦い、右腕を失った。一九六二年に日系人初の連邦上院議員に当選、連続九期を務めた米政界の重鎮として知られる。

しかも、そのハワイは開戦当時、太平洋の中に浮かぶ独立国であった。

アメリカの実質的な支配下にあったとはいえ、ハワイが米国の五〇番目の州になったのは、一九五九年である。多くのハワイの人たちの「なぜ？」という疑問の原点である。

そのハワイで、現在、様々な面で存在感を増しているのが、ハワイ王家の七代目末裔プウホヌア・バンピー・ケイキ・カナヘレ元首である。

ハワイで何が起きているのか、まずは近年の動向をおさらいする意味で、初出のビジネス情報誌『エルネオス』の「ベンチャー発掘！」（二〇一六年五月〜六月号）ジュジュベ・クリニック&サロン編を掲載し、末尾に、その後の目ざましい進展ぶりを紹介する。

＊　＊

地球のクリニック

世界の観光地ハワイ、ホノルルのダイヤモンドヘッド麓に建つホテルニューオータニ二階にある「ジュジュベ・クリニック&サロン」（亀井士門院長／ジェナ・クローリー代表）は、オーシャンフロントのいかにもハワイらしいクリニック&サロンである。二〇一五年の夏にはフジテレビの「有吉（タレント・有吉弘行）の夏休み」で大々的に紹介されて、話題になっている。

実際のジュジュベ・クリニック&サロンはエントランスからハワイらしいおおらかさと世界の美と健康に熱心なセレブたちを夢中にさせるオリエンタルな「和」の要素で満たされている。そのジュジュベのシンボルマークの一つが美しい花魁（オイラン）をイメージした女性の姿、もう一つが八咫烏（ヤタガラス）というあたりに、ただのハワイのエステ&クリニックとは異なる印象もある。

いわゆるジュジュベ・グループは「ジュジュベ・クリニック&サロン」と、宿泊施設でもある「マノアバレーイン」、「ランド・オブ・アロハ」という、大きく三つの事業を展開している。

ハワイ大学に隣接するマノアバレーインは米国とハワイ州の歴史的文化記念物の中にホテル、ウエディング会場、撮影スタジオの他、ランド・オブ・アロハのヘッドクォーターがある。二〇一一年一二月七日（日本時間八日）にスタートしたランド・オブ・アロハは、ネイティブハワイアンとジュジュベグループとの共同プロジェクトである。

「現在の文明の利点を生かしつつ、地球と人間を一体とした先住民の生き方をモデルに、一元論の、すべてを分けないワンネスの考え方による社会システムの実現を目指します。要は、自分は自然の一部であり、何でも分けて考える二分法のように敵や味方、自国や他国と分けない考え方であり、ハワイ先住民はもちろん、日本を含めた世界の先住民に共通するものです」

と、亀井士門院長は人と自然が共存し持続可能な、平和な世界の創造に貢献するプロジェクトとしての意義を語る。

ジュジュベでは、クリニックを訪れる人たちに各種エステ&クリニックを行っている。例えばガンの他、アトピーなどのアレルギー、糖尿病をはじめとする生活習慣病そして難病まで、あらゆる疾患、美容・健康問題を扱って、大きな効果を上げている。

その大きな力になっているものの一つが、ジュジュベ独自の「雷水」（治療用）であり、ヒーリング水として他のエステ&クリニックとは一線を画するものとなっている。大阪にある「ウエルネス」（野村修之社長）の「νＧ７・量子水」のハワイ仕様「ダカッパ活水器」（生活水用）が使われているように、日本人とそのテクノロジーが、ランド・オブ・アロハを支えて、今日に至っている。（※「ウエルネス」については『日本発！世界ナンバーＮｏ・１ベンチャー』で取り上げている）

そうした活動からわかるように、ジュジュベで行われていることは、表向きはエステ&クリニックだが、通常のクリニックの領域をはるかに超えている。

というのも、国連をはじめ大量の予算と人材、時間をつぎ込んだ多くの試みが、いまだ成功しているとは言いがたい世界の現状に目を向ければ、持続可能性が問題とされる地球のエステ&クリニックが、現代の大きなテーマになってくるからだ。

その困難な、しかしもっとも重要なテーマこそが、ジュジュベのベンチャーとしてのターゲット、事業の本質ということになる。

それが絵空事ではないことは、いくつもの事実が証明している。

パールハーバーデー

二〇一五年一二月七日（日本時間八日）、ハワイの真珠湾でパールハーバーデーの式典が行われた同じ日、ハワイ独立主権国（通称ランド・オブ・アロハ）内にある聖地で「ランド・オブ・アロハ」の創立四周年を記念する式典が行われた。

式典には同主権国のリーダーであり、ハワイ王家の七代目末裔であるプウホヌア・バンピー・ケイキ・カナヘレ元首とともに「ジュジュベ・クリニック」の創始者ジェナ・クローリー代表とその長男である亀井士門院長、ランド・オブ・アロハ大使の一人であるヒップホップ・アーティストＳｈｉｎｇＯ２、日本人ジャーナリストの他、その日、先住民族の経済システム「アロハコイン（暗号通貨）」の創始式に出席する日本からの関係者一行が参列して、厳かに遂行されている。

ハワイ先住民の式典に日本人が多いのは奇妙に思えるが、それは不幸な歴史を含めてハワイと日本との不思議な縁の賜物である。

ランド・オブ・アロハは「アロハ」の意識を共有するネイティブハワイアンと日本人が力を合わせて、ハワイ先住民族の伝統文化、思想、医療、食生活などに基づく、環境に優しい自給自足のライフスタイルを目指すハワイ独立主権国（Independent & Sovereign Nation State of HAWAI, I）の別名でもある。

「アロハ」は通常のあいさつ以外にも、使う場面によって多くの意味になる。

その言葉の定義について「ハワイの秘密の守人として知られる賢人アンティー・ピヒラ・パキ女史によって『優しさ、調和、快さ、謙虚、そして忍耐』を表す先住民族の精神とされ、ハワイ州法の一部にもなっています」と、亀井院長が説明するように、その根底にあるのは自然に感謝し、そのすべてを受け入れる心、精神を意味する。

ランド・オブ・アロハについては、後述するが「ハワイ先住民に起きた悲しい過去を世界平和につなげたい」というのが、バンピー元首の掲げるメッセージであり、それを形にしたのがランド・オブ・アロハ世界平和プロジェクトである。

同プロジェクトは、アロハ医学、アロハ産業などの自然＝地球にやさしいシステムによって、一度は失われかけたハワイ先住民族の国を復興し、世界平和に貢献するものである。

すでに「アロハコイン（暗号通貨）」が発行されており、今後、アロハ産業を構築し推進していくための様々な事業、例えばランド・オブ・アロハの整備開発事業、ネイティブハワイアンの自立促進事業などの投資・支援などに使用される。

大地を第一に考えて生きる先住民本来の経済の在り方を確立するために、様々な産業が一元的に、つまりはすべて和合する形で成り立つとのコンセプトで進められていく。手本とすべき成功モデルがない試みだが、すでに多くの活動、取り組みが日本を中心とした農業、エネルギー、環境関連企業によって、進められつつある。医学、食生活、文化活動そして環境面など、多くの分野で、パンピー元首のパートナーとして、中心的な役割を担ってきたのが、ジュジュベグループである。

そんなランド・オブ・アロハの世界をかいま見せてくれるハリウッド映画が、二〇一五年五月に全米で公開されている。

映画「アロハ」

「ザ・エージェント」「エリザベスタウン」などで知られるキャメロン・クロウ監督の新作「アロハ」は、主演の軍事コンサルタント役のブラッドリー・クーパー、女性パイロット役のエマ・ストーン、元恋人役のレイチェル・マクアダムスなど、豪華キャストがハワイを舞台に勢ぞろいした映画として話題を呼んだ。

だが、映画「アロハ」は、意外な展開をたどって、ついに日本では未公開のまま。いまはアメリカ本土でもハワイでも、誰も語ろうとはしない。

なぜなのか。その一つの答えを知ることもハワイのジュジュベ・クリニックを取り上げる理由である。そこではハワイを語ることが日本をそして世界を語ることになる。

映画「アロハ」のメインストーリーは、かつて人生に挫折、アフガンで瀕死の重傷を負った主人公が、ハワイの神秘に触れながら過去と向き合い、新しい恋を見つけ、自分の人生を取り戻していく心温まる内容である。

その恋愛話に絡んで、宇宙からの世界支配の野望を持つ大富豪の下、世界を危険にさらす軍事開発を進める任務を負った主人公に対して、ハワイの空を守ろうとする女性パイロットを対比させる、もう一つの物語が映画に深みと奥行きを与えている半面「どう見ても白人にしか見えないエマ・ストーンのハワイアン・クォーターという設定に無理がある」との声が起こって、監督が謝罪するという一幕もあった。

映画には影の主役としてハワイ独立主権国のバンピー・カナヘレ元首が登場し、彼らが暮らす「ワイマナロ・ヴィレッジ」の生活の一部が紹介されている。その王国は、フィクションのような印象でしかないが、エンドロールには主人公ブラッドリー・クーパーがバンピー元首の暮らす聖地で、ティーリーフを植えるシーンが登場する。この植樹は、ハワイ先住民の復興をサポートする意識の表れとして、実際に行われている。映画に、その儀式がドキュメントされていることに、実は大きな意味がある。

映画監督もアーティストである。独特の感性によって、往々にして想定外のストーリーを用意することがある。〝アロハの国〟も、そうしたものの一つとして、ハリウッド映画に登場する。

そして、映画の中の独立王国が実在し、その背景がわかると、映画に対する批判はお門違いなものになってくる。その深遠な思想と大胆な活動はフィクションで終われば、笑い話ですむ。「独立」一つとっても、それは日本の沖縄、その他世界につながる重要な問題へと波及する不都合な真実、体制側にとっての危機そのものを用意するからである。

その意味では、映画の真の価値が理解されるのは、ランド・オブ・アロハがさらに実績を積んで、より大きな世界の流れになった時ということになる。

米国籍の日本人

ハワイと日本をつなぐ役割を担ってきた亀井士門院長は、一九七六年にアイルランド系アメリカ人の父と日本人を母に持つジェナ・クローリー代表と日本人の父親から、神奈川県小田原市で生まれた。一〇歳まで育った父親の実家は、美容院を経営、母親はその二階と三階で、すでにいわゆる美容エステを始めていたという。

両親の離婚によって、一九八八年にハワイに移住。亀井院長の顔は日本人にしか見えないが、国籍はアメリカ。白人の血が四分の一入ったクオーターということになる。

白人との混血の母親の下で育ち、自らは四分の一の白人の血を持つ。純粋な日本人ではないことで、彼はその足りない部分を補うかのように、日本的なものを吸収していく。

三歳から空手を学び、日本の武術や文化の特徴をよく知る立場から、逆に現代の日本では珍しいともいえる純粋な日本人としての考え方、生き方を体現している。

その日本とアメリカそしてハワイに、密接につながる過去がある。歴史の真実とともに人生の真実、人間の本質とは何か。理想を追求する者の前に、いつも現実は理想とはほど遠い存在として立ちはだかる。

「子どもの考えることですけど、高校時代から教育システムや実際の社会の在り方を疑問視していて、この世界を平和にするために、例えばドラエもんの世界のようなミラクルボタンがないかと、いつも考えていた」という彼は、お金持ちが支配する世の中で、自分もお金持ちにならなければ、何もできないと考えて、彼らの下で働く人たちの気持ちを知るためにアルバイトを始めた。

バイリンガルの彼ならワイキキのブティックで容易に高給を得る道もあったが、あえて新聞配達や皿洗いなど、貧しい人たちが多く働く現場を選んでいる。

アルバイトは一つのエピソードでしかないが、当時からの、いわば筋金入りの平和への思いが、ランド・オブ・アロハ世界平和プロジェクトに結実していく。

現在、亀井院長がワイマナロの聖地に暮らす先住民の健康のため、ボランティアで医療ケアを続け、映画の撮影の際に作られた屋根つきの舞台で、子どもたちを集めて、古武術を教えているのも、日本を象徴する「和」の精神と、日本のあらゆる芸や道につきものの礼儀作法・修身の教えを伝えることで、日本とハワイの理想的な関係を築けると信じてのこと。医療、武術、食生活その他、すべてに「アロハ」に通じる日本および「和」の精神が、核になっている。

ハワイと日本

意外に忘れられている日本とハワイの真実は、一九四〇年一二月七日（日本時間八日）の真珠湾攻撃当時、ハワイはアメリカの州ではなかったということだろう。ハワイがアメリカ第五〇番目の州となったのは、一九五九年のことだ。そのため、現地のハワイ先住民族の人たちの思いは「なぜハワイが日本に攻撃されなければならなかったのか」というものだったという。もちろん、当時のハワイはアメリカの支配下にあり、アメリカ海軍の重要な基地になっていたからだが、そのベースには百数十年前に逆上る日本とハワイの意外な関係がある。

明治維新後の日本を、国際親善訪問の旅に出ていたハワイのカラカウア王が一八八一年（明治十四年）に訪れて、極秘に明治天皇との会見を行っている。ハワイ王朝と日本との親交を深めるため、カイウラニ王女と日本の皇族・東伏見宮依仁親王との縁談を申し入れた他、移民の要請、日本とハワイの合邦の提案などがあったとされる。

背景にはアメリカによるハワイ侵略の動きがあってのことだが、カラカウア王の死後、一八九三年にリリウオカラニ女王のハワイ王朝は、長期にわたるアメリカの違法行為と脅しによって、転覆された。アメリカの横暴に対して戦おうとしたハワイ住民を前に下した女王の最後の決断は「無駄な血を流させたくない」というものである。

違法転覆されたハワイ王家の七代目末裔であるバンピー・カナヘレ元首は「当時、明治天皇がハワイの女王に『援助しましょうか』と言ってきたのですが、ハワイ王国は『いや、お断りします』と返事をして、日本の軍隊は引き上げたのです」と知られざる歴史の一端を語っている。

ハワイの不幸な歴史は、今日の大国がどのようにしてできあがったのかを物語ると同時に、それだけで終わっていないところに今日的な意味がある。百年後の一九九三年、ビル・クリントン大統領がアメリカによるハワイ王朝の違法転覆の事実を認め、ハワイ先住民族への謝罪を決議。謝罪法が制定され、その土地の一部が返還されることによって、ハワイ独立主権国がスタートしたからである。

聖地ワイマナロは、ハワイ王朝の復権と社会的に虐げられてきた先住民の権利を守るために、立ち上がったバンピー元首が平和裏に抗議を繰り返し、無抵抗無暴力で戦い取ったものである。

その建設にジュジュベグループがパートナーとして深く関わるのは、不思議なようだが、ベースに共通してあるのは、平和および地球環境に対する深い危機意識と日本への思いである。

二〇一五年末、初めて日本を訪れたバンピー元首は、梨本宮記念財団（梨本隆夫代表理事）の案内で八咫烏をシンボルに地球を象った「世界平和塔」のある出羽三山神社を訪れて、大々神楽による正式参拝など、日本での貴重な一日を体験している。

バンピー元首がなぜ、最終的に日本人と活動をともにするようになったのか、その理由を、彼は日本を訪れて理解する。八咫烏はランド・オブ・アロハのシンボルであるだけでなく、実はジュジュベグループのシンボルでもある。そのすべてがつながって、ランド・オブ・アロハのビジョンがより明確化したのである。

日本の東洋医学

ランド・オブ・アロハの理念を象徴する言葉は「ＰＯＮＯ」である。正す、元に戻すというハワイの言葉であり、土地の返還もその一つである。ジュジュベグループが様々な活動を行っているのもそのためだが、そこに地球のクリニックを視野に入れているのは、人間の心の健康がその鍵になるからである。

クリニックとしてのジュジュベは、ハワイという場所柄、世界のセレブがやってくる。名前を明かせば、驚くような有名人がいる。日本では東京と大阪にクリニックがある。

一〇歳のころからハワイで暮らし始めた亀井院長が、医学の道に入るきっかけも、数奇な運命からである。高校時代のバイト体験を通じて、アメリカ社会の矛盾に直面して、自分一人では抱えきれない病んだ現実を前に、限界を感じたある日、病に倒れる。その彼が、医学への道に入っていくのは、ハワイの海で不慮の死を遂げた弟が受けるはずだった東洋鍼灸専門学校に、弟の代わりに通って、結果的に大学に進学しないまま、家に引きこもっていた彼は救われる。

学校に通ううちに、東洋医学がアメリカの医学の中心的な流れになっていく中、二〇〇〇年に鍼灸免許を取得、クリニックを開業。二〇〇八年にハワイ州から東洋医学博士の称号を認定される。その後、実際に診療に携わる過程では、東洋医学だけでは限界があることから、様々なものからなる統合医療、ホリスティックおよびオステオパシーを率先して取り入れている。

ハワイにおける東洋医療、鍼灸を用いた治療は意外なようだが、実はアメリカにおける東洋医学は、西洋医学の病院との連携や研究面で、日本よりはるかに進んでいる。

鍼の打ち方一つとっても、日本では多くの制約がある。治療に必要な効力の強い漢方薬の使用が制限され、細くて短い鍼を用いた浅い鍼治療が一般的なものとなる。亀井院長が「本来の効果の一〇%も出ていない」というように、東洋医学のポテンシャルが発揮できない状況が続いている。だが、それを元にもどすだけで効力を発する。それがジュジュベで行われているクリニックである。

ジュジュベではケミカルからくる薬害、環境問題などを考慮しながら、薬事法、医師免許といった様々な制約を考慮して、セラピストでも使用できるように、ハーブを効果的に利用するなど、独自の手法で治療実績を上げ、賛同者を増やしている。

自然と人間の関係から健康を捉える森下自然医学の森下敬一博士もその一人である。

森下博士は一九六〇年に腸管造血理論を発表、六〇年代に血液の汚れが病気の原因となるとして、国会でガンと血液に関する証言にも立ってきた。だが、その主張は、当時の医学の主流ではなかったことから、一九七〇年に「お茶の水クリニック」を開業。対症療法的な医療が一般的な中で「病気はライフスタイル（食生活・環境・心）を改善することによって治療（食治法）する」という独自の道を歩んで今日ある。

ジュジュベではジェナ・クローリー代表が長年治療に用いてきたクレオパトララップの有効性を、医学的に証明してくれたのも森下博士であるように、亀井院長の貴重な理解者となっている。

水による医療革命

血とともに、水の重要性は様々な分野で言われている。ジュジュベで使用する雷水は、大阪の「ウエルネス」が開発した六角形のヘキラサゴンコンバーター「νG7」を使用することによって完成。溶存水素の量が増えて残留塩素を不活性化するなど、顕著な結果が出ている。特許を得ているとはいえ、六角形を通すと、なぜ水が変わるのか、野村修之社長自身が「原理はわからない」という。

効果は顕著とはいえ、理論がわからないのでは、クリニックでは自信を持って使えない。そこで、亀井院長が理論的な解明のため、その道の大家の教えを得ようと、最終的にたどり着いたのが、意識が物質に影響を及ぼすという精神エネルギーとメカニズムを解明してきた量子物理学のウイリアム・ティラー博士（スタンフォード大学名誉教授）である。

学問の世界ではティラー／アインシュタイン・モデル「正と負の時空図」で知られる。これは正と負の時空間に存在する四次元×二＝八次元の先に、より高い精神や愛などの宇宙意識が、さらに三次元存在することから、この世には少なくとも十一次元あることを突き止めたもの。その高次元に現れる光子をデルトロンと名付け、デルトロンレベルの科学では、意識が物質に影響を及ぼし、その逆もあることから、高次元の意識がこの世をつくることになる。つまりは、有は無、無は有という般若心経の「色即是空、空即是色」の世界観を科学的に表現している。

「彼は六角形の研究者として、雷水（νG7）について『四次元の時空の中だけでは説明できない現象が起きている。それを証明するには膨大な費用と時間がかかる。ただ一言でいうと、この水は本物です』と証言してくれたので、ジュジュベでは雷水を使って、いわば〝水〟で病気を治している」と、亀井院長は原理の一端を明かす。

もともとジュジュベでは「五元」と言って1．意識、2．呼吸、3．水、4．食、5．排毒（デトックス）の五つをクリニックの基本にしている。というのも、現代生活における忙しい意識、浅い呼吸、質の悪い水、ミネラル元素を含む各種栄養の不足した食品、体内や環境からの毒素の蓄積。これらが複合して自律神経のアンバランス、末梢神経やリンパの滞り、血液の質の低下、内臓の機能および免疫力の低下を引き起し、体の不調や病気の基本が作られていくことから、五つの根本原因を改善しながら、適切な治療を行う。

その入り口として、入りやすい食、そして水を利用する。だが、もっとも大事なのはティラー博士が証明している「意識」である。

「最終的には医学ではない、医学は要らないのではないかというところまで、来てしまっています。例えば糖尿病は、病原菌があってそれに感染してなるわけではない。生活習慣と環境の結果ですから」と、亀井院長が強調するように、その目指しているところは、アロハ医学による医療革命であり、究極は医者や薬が要らない世界ということになる。

その先に、ダ・カッパ（レG7）など、水を使った地球のクリニックもある。「高い意識を持つことで、人間が地球にとって欠かせないエコシステムの一環になれる」と、亀井院長は語るが、汚れた血が様々な病気をつくるように、汚い意識が世界を住みにくく醜いものにする。水を含めた様々なジュジュベの取り組みは、アロハの精神を反映した持続可能性が問題とされる世界をクリニックする貴重な試みなのである。

ハワイからのメッセージ

ジュジュベグループの展開およびランド・オブ・アロハが一段落するのがいつになるかはさておき「いつか日本に戻りたい」というのが、亀井院長の思いである。

「日本の子どもたちを見ると、早く日本に行ってちゃんとした大人に育ててあげたいと思う」と語るように、いわば日本に恋する彼は日本の良さ、伝統文化、同時にその価値を知らずに、自信と誇りを失っているように見える日本人に代わって、アメリカ国籍の日本人として、現代に相応しい日本人のモデルとなるように、その生活のすべてを割く。

クリニックもランド・オブ・アロハの活動も、それは自分のためである以上に、実は日本のためというわけである。

クリニックと並行して、ジュジュベ・スクールで医学を教えてきた亀井院長の一つの転機になったのは、若い日本人女性が患者に向き合う真剣な眼差しを見て、彼らに医療の基本を教えたいと考え、医学からセラピストの養成に切り換えたことだという。診療行為はできないセラピストのために、薬も医療機器もすべて非医薬品指定のものを集めて、根本を正すことで、体を元に戻す。

水、食、ヨガ・瞑想、武術などを導入しているのも、そのためだが、そのことが結果的に人間を治すことになる。その究極には、人間が生きる舞台である地球そのものが良くなければ、人間は治らないとの考え方がある。

アロハの定義付けを行ったアンティ・ピヒラ・パキ女史は、二一世紀について「人々が平和を求めて、世界がハワイに注意を向けるようになるだろう。なぜなら、ハワイにはその鍵があるから。そしてその鍵はアロハである」との予言を残している。

ハワイは世界で初めて、公的に先住民族への土地の返還が始まっている唯一の場所であり、アロハの精神がしっかり生きている場所だからである。

まるでランド・オブ・アロハの今日を見通していたようで、その絆が日本にまでつながる。まさに、不思議な神の計らいとしか言えないような展開が続いている。

＊　　＊

人気ドラマ「ハワイ・ファイブ・オー」

何事も一足飛びには進まないが、そんな中で「神の計らいとしか言えないような展開が続いている」というのが、ジュジュベ・クリニック&サロンの亀井士門院長が伝えてくる、その後のハワイの状況である。

本文中で紹介している二〇一六年八月二一日の祭典は、当初の予想とは異なり、規模的にはやや小さなものとなった。ハワイアン先住民族間の対立などが背景にあってのことである。

祭典に先立つ半年前、ハワイ独立の動きが伝えられる中、バンピー元首はハワイ先住民族の公的組織OHA（Office of Hawaiian Affairs）が所属しているハワイ最大の公的組織AHAから抜けて、ニュースになっている。

文明の洗礼を受け、アメリカに影響されてしまった団体ではハワイの実質的な独立はできないというのが、役員の一人としてAHAに関わってきたバンピー元首の立場である。「AHA自体がアメリカの思惑によって作られた組織であり、所属するハワイアンもすべてアメリカ的な発想が身についているため、仮に独立したとしても、それは間違った基盤の上につくられたものにならせざるを得ない。それでは本当のハワイにはならない」

つまりは、彼らが望む独立とは、例えばインディアン自治区のようにすることであり、いまの彼らにとっては経済的・政治的・社会的に都合がいいというだけのこと。ハワイの将来そして世界平和を考える上からは取るべき道ではないとの考え方である。

だが、バンピー元首がAHAと袂を分かち、一人で抜けたからといって、それは孤立を意味するものではない。八月の祭典には、パレスチナ独立に尽力した国際法学者フランシス・ボイル弁護士が参加しているように、各国の首脳が支持しており、むしろ余計なお荷物となってきた人々が削ぎ落とされたという意外な一面もある。

事実、祭典であいさつに立ったフランシス・ボイル弁護士は、ハワイで行われている取り組みを新しい平和な世界を開く試みとして注目すべきだと、ランド・オブ・アロハ世界平和プロジェクト並びに、連動するアロハコインの意義と使命に言及している。

バンピー元首は真珠湾というアメリカにとっては、重要な歴史の刻まれた島国・ハワイ王家の末裔である。その存在の大きさを示すように、八月の祭典およびバンピー元首のＡＨＡからの離脱、ハワイの伝統文化を正すための行脚に似た、聖地その他に清めの塩を撒いて歩く姿などがニュースになる。

二〇一七年一月にはハリウッドデビューを果たした映画「アロハ」に続いて、全米で人気の刑事ＴＶドラマ「ハワイ・ファイブ・オー」に出演。アロハコインのＴシャツを着たバンピー元首の姿が全米に流された。

同ドラマは世界一二五カ国で約九億人が見るというメジャーな番組として知られる。

特に、ランド・オブ・アロハを舞台にしたドラマが一月に放映されたことから、アメリカでは一二四年前の一八九三年一月一七日に起きたハワイ王朝違法転覆を思い起こさせるものとして、ニュースでも大々的に取り上げられている。

ドラマは主人公である刑事役のダニエル・ディ・キムと、その昔交流があったバンピー元首が久しぶりの再会を果たしたとの設定で、ランド・オブ・アロハに係わる実在の人々とその舞台をそのまま用いる異例のものとなっている。アロハコインのTシャツや販促用幟が目立つように使われていて、亀井院長兄弟も警備「ピースフォース」の一員として参加している。

しかも、アロハコインのTシャツや幟は、テレビ制作会社が自前で特注してつくったもの。映画「アロハ」同様、番組スタッフが、ランド・オブ・アロハの活動に共鳴し、サポートしてくれている。

ここでも「神の計らいとしか考えられない、実に不思議なことが起きている」という印象のようである。

アロハ医学と医療大麻

雑誌掲載後のハワイ独立主権国の動きとともに、亀井院長自身の肩書にも変化が見られる。ハワイで、子どもたちを集めて古武術（アロハ・ルア・テゴイ＝手乞）を教え、ハワイ独立主権国の警備「ピースフォース」の一員でもある亀井院長は、二〇一七年一月、正式に「ハワイ王国安全保障担当補佐官・国家医事常任顧問」に就任した。

亀井院長にとって、ハワイにおける警備は「ピースフォース」という名称が象徴するように、平和のための武器であり、実は治療にも共通する要素となっている。力を基本にする欧米型の武術ではなく、日本や先住民族間に伝わる武術は、手当てという言葉があるように、そのまま治療行為にもなる。

「ハワイ先住民族の禁断武術」と言われるアロハ・ルア・テゴイの「ルア」は、欧米的な強い力や押す力に頼る技ではなく、受ける力や引く力を攻撃に活かす、その意味でも日本の武道に通じるものがある。

事実、アロハ・ルア・テゴイの「手乞」は、古くは古事記に遡る日本の武道の原点として知られる。古典的な相撲の別名であり、日本では合気道という形で完成していく。その手乞がハワイで、今日の合気道の始祖とも言われる武田総角とつながっている。

武術の指導組織「志統館」を主宰する亀井院長にとっては、世界平和を実現するためには、今日、世界の主流となっている攻撃・防御ではなく、他国を攻撃しない、国を守るための軍隊、武術への原点回帰が必要だとのメッセージでもある。

「武術は治療とは表裏一体」と語る亀井院長は、スタッフに武術を学ばせることで、実際の治療に向き合う。神話時代の武術・手乞がアロハ医学にも生かされているのは、西洋医学と東洋医学をもとに古代先住民族医学の復興を目指すためである。

医学面での大きな変化として、例えば先住民族医学の大きな可能性とポテンシャルを示すものとして、アロハ医学の重要な使命の一つである医療大麻CBD（カンナビジオール）を使った治療が、大きな成果を上げている。

日本ではかなり誤解がある医療大麻だが、医療の歴史とともにあるその有用性に関しては、すでに多くの文献・資料がある（※例えば福田一典著「医療大麻の真実」明窓出版の著者は銀座東京クリニック院長であり、副題には「アリファナは難病を治す特効薬だった！」と書いてある）。

ジュジュベ・クリニック&サロンでも白血病やガン患者にCBDという医療大麻から抽出した成分を飲ませるだけで、驚くほどの改善効果がみられるため、患者をはじめみんなに喜ばれているという。

アメリカではすでに多くの州で大麻の栽培が認められているが、二〇一六年にはハワイ州でも大麻の栽培自由化法案が下院を通過。可決後にはTHC（テトラヒドロカンナビノール＝大麻の精神物質）〇・三％以下の大麻なら誰でも自由に栽培できるようになる。今後、医療大麻の栽培・利用を通じて、ハワイの重要な産業の一つとなる可能性がある。

歴史を紐解けば、日本で昔から自給自足の経済システムが環境的にもうまく回っていたのは、大麻＝麻の栽培・利用を通じた伝統的な麻産業が、健全に、つまりは政治・経済的並びに伝統文化・宗教的にもうまく機能していたという事実がある。

戦前の日本で、大麻は当たり前に育てられ、広く使われていた。その象徴が、いまでも初詣の際に全国の神社で売られている御札である。それぞれの地域の神社名の御札とセットの形で「神宮大麻」の御札が並んでいる。

神宮とは伊勢神宮のことであり、全国各地に支社がある。近年、縁結びの神社として若い女性たちの参拝が絶えない東京大神宮は、伊勢神宮の東京支社である。家紋に使われているのをはじめ、七味唐辛子にも麻の実は不可欠である。要するに、有史以来、それだけ身近なものを排除するのは、何らかの意図があると考えないことには辻褄が合わない。

そんなところから、かいま見えてくるのは、大麻を麻薬として排除する欧米での規制や害悪視するに至る不思議な展開の背景である。そこにあるのは、大麻（マリファナ）の持つ「自由・平等」、「独立・解放」といったイメージが、支配する側、権力を持つ側には、自らの体制を揺るがす象徴的な動きにつながるのではないかという危機感であろう。

日本の神道やインドその他、先住民族医学の宗教観・伝統的思想が持つ効果としての安全・平和・宗教的・精神性といった伝統文化と、科学的かつ物質的な近代文明の対立という根深い図式は、その裏に西洋的な価値観を根底から否定する動きにつながることを、察知し、恐れているかのようでもある。

事実、日本の神社の大元となる「大麻」は、御札の力を象徴するものであることから第二次世界大戦を戦った欧米、特に日本に進駐したＧＨＱ（連合軍総司令部）が日本の目に見えない力の象徴として、日本社会から法規制という形で抹殺されていく。

日本との強いパートナーシップ

ハワイをはじめ世界は、いわゆる欧米先進国文明の洗礼を受け、便利で一見華やかな経済的繁栄と、その副作用としての毒に冒され苦しんでいる。そこから抜け出すことなど困難と思われる絶望的な状況の中にあって、ハワイ独立主権国では差別的かつ略奪的な金融システムとして、ハワイ人および多くの他の国の人々を支配してきた伝統的な銀行やクレジットカードシステムに代わるものとして、暗号通貨・アロハコインを国の機軸通貨とすることにより、ハワイの復興に取り組んでいる。

「イノベーション」が時代のキーワードとなり、科学とテクノロジーがものすごい勢いで進展しているはずなのに、本当に世の中は良くなっているのか、科学とハイテクがもたらすと信じられてきた文明の力、現在の成長そのものは本当に目指すべき価値があるものなのか。実際には、我々は肝心なものを忘れているのではないかとのメッセージがランド・オブ・アロハ世界平和プロジェクトの取り組みでもある。

バンピー元首には、AHAから抜けたことで、自由な立場からハワイの修復と国の返還を実行するという明確なビジョンがある。その実行に当たって取られる、古くから強い絆で結ばれてきた日本とのパートナーシップは、その精神を共有することにより、理想とするに相応しい国家をつくるためである。そこに世界平和へ向かう取り組みとして、地球の環境保全につながる産業を起こしていく。

そのプロセスを経済的に循環させるのが、暗号通貨アロハコインであり、そこにアロハコインを国の機軸通貨にした目的もある。ランド・オブ・アロハにおけるアロハコインの役割は大きい。その行き着く先はアロハコインによる経済システムを理想的な形で展開させることによって、一般民衆が救われるという壮大なプランである。

ハワイ州でデジタル通貨が合法になるというニュースでは、バンピー元首の言動がアロハコインとともに報じられている。その使命を後押しするかのように、ハワイ州でもデジタル通貨およびアロハコインを公的に認める動きになっている。

映画「アロハ」に登場する日本

ジュジュベグループおよびアロハ医学のパートナーであるとともに、その実践的・理論的バックボーンとなっている森下自然医学の森下敬一博士の五十年来の主張である腸内造血理論（千島学説として知られる）の正当性が、アメリカで発表されたのも、興味深い展開である。

現在の医学では、長年、骨髄でしか造血しないとの骨髄造血が常識とされてきたのに対して、二〇一七年三月、アメリカの研究者が哺乳類（マウス）の肺でも造血されていることを発見。科学誌「ネイチャー」に取り上げられたことから、大ニュースになっている。

一九六〇年代から腸内造血や経絡造血などの事実を検証結果とともに発表してきた森下理論の支持者にとっては「いまさら」といった話だが、亀井院長は「このニュースによって、タブーだった骨髄外での造血理論の殻が破れたことで、今後、様々な学者、研究機関が人間の身体中で起こっている造血作用についての研究を始めると思います」と、期待する。

骨髄外造血のニュース並びに研究の進展は、そのままアロハ医学の正当性を証明するものとなるものだけに、科学誌「ネイチャー」での発表は、様々なことの変化の兆しのようでもある。

日本における森下自然医学の原点には、生命の誕生と内蔵の働きに焦点を当てる形で、いわば肉体を一つの宇宙として捉える宇宙からの発想と、その中における生命と肉体の関係性として自然や環境を見る考え方がある。

ランド・オブ・アロハ内に、今後、専門の医療関係の出先機関や研究所が立てられるのも、先住民族医学と共通するものの考え方があってのことである。その他、アロハコインを展開する石山社長関連の企業が進出してくる。

本文では触れていないが、映画「アロハ」に出てくる大富豪はインターポール（国際刑事警察機構）に追われて、最終的に富士山のそびえる日本にたどり着く。まるで、ランド・オブ・アロハにおける日本とハワイの結びつきを暗示するような展開である。

産業面に限らず、あらゆるランド・オブ・アロハの取り組みは、水の利用をはじめ、医療大麻の活用など、その一つひとつが持続可能性の問われる現在の世界を救う試みでもある。それだけに、その行方もまた気になるところである。

「この地球で、確かに起こった奇跡のような良い物語として、ランド・オブ・アロハの取り組みが、一〇〇〇年後に語り継がれていたら最高ですね」というのが、宇宙時間の中での亀井院長の言葉である（※アロハコイン及びランド・オブ・アロハ関連事業の展開については「注目のベンチャー3」を参照）。

注目のベンチャー 3

ハワイ独立主権国の基軸通貨「アロハコイン」を開発援助した有限会社「ゴールドコマンド」

石山誠代表／東京都中央区

ブロックチェーンの衝撃

新しいことを始めれば、いろんなところに影響を及ぼす。いいこともあれば、悪いこともある。周囲に波風が立つことも少なくない。

それが画期的であればあるほど、影響力は大きい。歓迎する人もいれば、無視する人もいる。中には敵対して足を引っ張る人たちも現れて、弱小ベンチャーの場合は、思わぬところで足を取られて痛い目にあう。

ビジネス情報誌『エルネオス』の「ベンチャー発掘！」で取り上げた有限会社「ゴールドコマンド」（石山誠代表）の暗号通貨「アロハコイン」の場合など、そうした典型であろう。

暗号通貨というなじみのないネット上のコインが、日本では「仮想通貨」と呼ばれてきたこともあり、古いタイプの人間にはどこかうさん臭い印象が拭えない。その代表であるビットコインが世間の注目を集めることになったのも、日本ではビットコインを扱う取引所（マウントゴックス）の破綻という詐欺事件だったことは致命的である。

とはいえ、そんな問題だらけのように思われる暗号通貨が、日本を代表する銀行が無視できないどころか、自ら発行元になるなど、時代の変化を先取りする技術であり、現代のキーワードでもあることは、序章でも指摘している通りである。

人工知能（ＡＩ）以外に、システム上の注目すべき革命的な技術として、金融界に変革を迫り、世の中にさらなる新しい秩序を形成しつつあるのが、ビットコインをはじめとする暗号通貨の基本的技術ブロックチェーンであることは、今後ＩＴベンチャーの勢力図を激変する可能性があると、様々な分野で指摘されている。

雑誌掲載後の変化は、後回しにして、まずは暗号通過アロハコインの概要とランド・オブ・アロハとの関わりを知るために、初出の「ベンチャー発掘！」（二〇一六年七月～八月号）を再録する。

＊　　＊

暗号通貨元年

ビットコインの登場とともに、すっかり定着した感のある、いわゆる仮想通貨だが、世間一般のイメージは根強いいかがわしさではないだろうか。特に、ビットコインの取引所マウントゴックスの破綻により、多くの被害者を生んだ事件のイメージが強いほか、続々と登場する仮想通貨が、基本的に金儲け＝投機に直結しているため、多くの詐欺話と被害者を生んでいる。

仮想通貨のサイトなどを見ると「九五％は詐欺！」という衝撃的な宣伝コピーさえ目にする。そこは「九五％が詐欺だとしても、残りの五％は本物」という常識の裏を衝く鉄則が支配する世界でもある。

そうした日本での仮想通貨ビジネスが大きく変わりつつあるのが、現在の状況である。

二〇一六年六月、かねてから開発中と言われてきた三菱東京UFJ銀行が仮想通貨「MUFGコイン」を、二〇一七年秋（その後、二〇一八年に延期）に発行することを正式に発表して話題になっている。大手銀行では初の「仮想通貨」だが、肝心の仮想通貨という言葉自体が日本独自のもので外国にはない。ビットコインをはじめとした仮想通貨は英語では「Crypto currency」、要するに「暗号通貨」である。

その市場に大手銀行が本格的に参入するのは、一つには暗号通貨の世界的な趨勢が、すでに無視できない状況にあり、その先には、銀行システムの崩壊が見えているとの危機感がある。同時に、金融庁が暗号通貨をこれまでのモノ扱いから物品の購入および法定通貨との交換ができるといった貨幣機能を認め、取引所を登録制として監督強化することなどを盛り込んだ改正資金決済法が成立。二〇一七年四月から施行されることになったからである。

日本における〝暗号通貨元年〟が、法案が成立した二〇一六年なのか、あるいは正式に施行される二〇一七年なのかはさておき、暗号通貨の勢い自体は、誰も止められない。

いまや六〇〇から一〇〇〇種あるという暗号通貨だが、当初はオタクたちの世界でいわばゲーム感覚でポイントを溜めるのを楽しんでいた。そのコインがビジネスにつながるのは、意外なところからである。

「二〇〇九年に開発されたビットコインが流通するきっかけは、ゲームおたくの若者が頼んだ宅配ピザを、たまたま持ち合わせがなくて、ビットコインで支払ったのが最初です。その後、ビットコインの可能性に目をつけた中国のヤフーと言われるタオバオが、自社商品にビットコインを使えると発表したことで世界が注目して値段が急上昇。一コイン一二万円まで上がって、追随する新コインが続々と登場してきた」

こう語るのは、暗号通貨「アロハコイン」の第一号マイニング元有限会社「ゴールドコマンド」の石山誠代表である。

しかも、ビットコインが脚光を浴びたのは、単なる金儲け＝投機だけではない意外な事実が背景にある。二〇一三年にユーロ圏のキプロス共和国で起きた金融危機で、銀行が破綻してもスマホ一台あればどこでも通貨決済や通貨の交換ができることが証明された。暗号通貨はテロや戦争が続いて、多くの難民が生まれてくる時代に欠かせない、極めて時代性のある世界の通貨というわけである。

「暗号通貨が今後どうなるのか、まだ誰にもわかりません。でも、増え続ける暗号通貨の世界で、結局は価値あるコイン、誰もが知っているコイン、実際に使える場所のあるコインが勝ち残る。今はビットコインが暗号通貨のトップを走ってますが、次に来るコインはまだない。その中で、アロハコインはただの金儲けではない、ハワイの復興のためという使命とともに使える場所づくりから始めているところに価値があると思う」

そう語る石山代表の表情は明るい。

アロハコインの使命

アロハコインはハワイ独立主権国（通称ランド・オブ・アロハ）のプウホヌア・バンピー・ケイキ・カナヘレ元首から、ゴールドコマンドが全面委託を受けて開発・システムを構築し、二〇一五年末に誕生した暗号通貨である。

発行主体はハワイ独立主権国であり、現在のマネー資本主義が限界を迎えつつある状況下、新たな可能性のある世界通貨としての暗号通貨を基軸通貨にしたものだ。創業者は同国の指導者であり、ハワイ王家の七代目末裔であるプウホヌア・バンピー・ケイキ・カナヘレ元首であり、そのパートナーとして日本との橋渡し役を担うのが、ハワイの「ジュジュベ・クリニック&サロン」（亀井士門院長）の創始者ジェナ・クローリー代表ということになる。

同元首は一八九三年に違法転覆され奪われたハワイ王国の復活を賭けて、一九九三年にネイティブ・ハワイアンの権利を認めたハワイ王国侵略謝罪法案の成立により、当時のクリントン大統領からワイマナロの土地の返還を実現したハワイ独立運動の英雄である。

アロハコインは今後、アロハ産業を構築し推進していくためのさまざまな事業、例えばランド・オブ・アロハの整備開発事業、ネイティブハワイアンの自立促進事業などの投資・支援などに活用される。ランド・オブ・アロハは「アロハ」の意識を共有するネイティブハワイアンと日本人が協力する形で、ハワイ先住民族の伝統文化、思想、医療、食生活などに基づく、環境に優しい自給自足のライフスタイルを目指す。

アロハ医学、アロハ産業などの自然＝地球にやさしいシステムによって、一度は失われかけたハワイ先住民族の国を復興し、世界平和に貢献する。そのため、多くの分野で、パンピー元首のパートナーとして、中心的な役割を担ってきたのがジュジュベグループである。石山代表がハワイおよびランド・オブ・アロハに関わることになるのも、ジュジュベ・グループとの関係からである。

かつて化粧品会社を経営していた当時から二〇年のつきあいになる石山代表が、五年程前、ジェナ・クローリー代表と自身のビットコイン体験と暗号通貨の可能性について話していた時のこと。日本とハワイを結ぶビジネスの話の中から飛び出してきたアイデアが、ハワイ独立主権国の基軸通貨を暗号通貨にするというものである。

そのアイデアに賛同したパンピー元首の意を汲む形で開発。名前をアロハコインにして、日本とアメリカ、中国、ヨーロッパでの商標登録を行った上で、三年がかりでスタートした。石山代表の立場は、ハワイを愛する一人の日本人として、元首が推進するランド・オブ・アロハの理念を具体的な形にするための熱烈なサポーターということである。

アロハコインはビットコイン同様、一社発行のゲートウェイ方式のものとは異なる公平性とともにクラウドに替わる技術であるブロックチェーン方式に基づく暗号通貨であり、デジタル機能を持つ地域通貨として発行されている。ビットコインの発行数が二一〇〇万枚であるのに対して、三六九八万八八八八枚。先行発行の形で、アロハコインの創業者利益分（全体の六・一二％）が二〇一五年一一月末から東京・アメリカ・中国（上海）・韓国で限定的に発行（マイニング販売）を開始。一枚一〇ドル（一二五〇円）で発行されたものが、すでに三〇ドルの値がついている。

多くの暗号通貨とは異なるアロハコインの特徴は、二〇一五年九月、アメリカ政府がハワイにおける通貨（アロハコイン）の発行権を承認した、曲がりなりにも国が発行主体だということ。使える場所からつくり始めていること。そのベースには、ランド・オブ・アロハを応援したいというネイティブ・ハワイアンの復興のため、ビットコインなど通常は一〇％とされる創業者利益に関して、六・一二％と低い割合になっている。

特に、力を入れている使える店づくりはビットコインでは一〇年かかって、ようやく七〇〇〇店舗になったのに対して、アロハコインはすでに八〇〇店舗を超える申込みがある。日本だけでも五〇〇店舗を超える勢いにあり、使える店のわかるシールや幟もできている。

自然淘汰が始まる？

ビットコインを代表とする暗号通貨は、よく知られたものがリップルをはじめライトコイン、ホールドコイン、モナコイン、ドージコイン、イーサリアム、エターナルコインなど、枚挙に暇がない。その特徴もビットコイン同様、中央管理者がないブロックチェーン方式の暗号通貨と、一社発行によるゲートウエイ方式のもの（リップル、エターナル）といったちがいはあるが、基本的に言えることは、すべて投機＝金儲けが主たる目的だということだろう。

「国の復興を始めたから暗号通貨をつくろうという話はどこにもない。アロハコインはそこから始まっている。目的は金儲けじゃないんです。僕は本業のリフォーム業だけやっていれば、いわば億の金を儲けられるんです。それをジェナ代表がいうバンピー元首が掲げる世界を平和にしたいという思いを応援するために何ができるか。まずは経済活動だということで、アロハコインに数千万円の投資をした。周りではバカだという人もいました。しかし、どんな宝くじでも買わなければ当たるはずがないですから。ワイマナロの聖地をヴィレッジからタウンにそして名実ともに立派なカントリーにするお手伝いができればという、ランド・オブ・アロハつまりはバンピー元首の夢に賭けた。それは正解だったと思います」と、語る石山代表の言葉は力強い。

そのメドが立てば、当然、彼の名前もランド・オブ・アロハの歴史に刻まれる。石山代表にとっての無謀とも思える〝賭け〟は、案外、本来の正しい投資の在り方なのかもしれない。

日本における法規制、大手銀行の参入という時代の流れの中で、今後、暗号通貨の予想される推移は、揺籃期を過ぎた多くのビジネス同様、数ある暗号通貨の淘汰という形での整理・統合であろう。その過程で残っていくのは、どの暗号通貨なのか。

アロハコインの展開は、ビットコインの歴史つまりは金儲けになり使い道があるというサクセスストーリーの上に、二一世紀型の通貨システムとしての暗号通貨の在り方を国づくり、世界平和のために使うという価値あるストーリーとなる。

ホームベース

アロハコインを巡る環境も整いつつある中、二〇一六年七月には日本における将来的な大使館機能を備える同主権国の代表執務室が、東京の帝国ホテル・インペリアルタワー一五階にオープン。バンピー・カナヘレ元首が日本と協力する形で推進してきた「ランド・オブ・アロハ」の看板が掲げられた。

そして七月一三日の二四時、「アロハコイン」の本マイニング（採掘）のためのアルゴリズムが公開され、全世界でのマイニングがスタート。二・五分間に二一枚、そのつもりになれば誰でも掘ることができるようにプログラムされている。四年後にはその数が半減するが、最終的に掘り尽くされるのが、およそ一〇〇年後になる。

今後、アロハコインがどのような推移をたどるのかは、世界のマイナーをはじめとしたオタク世界の動き、多くの金融商品同様、関与する金融機関・投資家などの動きと関連することになるが、そのすべてがハワイ独立主権国のランド・オブ・アロハの活動と密接に関わってくる。

同年八月にはワイキキのイオラニ宮殿前でネイティブハワイアンおよびネイティブアメリカンの祭典が催された。当日はパレスチナ独立を実現するのに尽力した著名な法学者フランシス・ボイル弁護士が参列するなど、注目度は高い。

その場で、バンピー元首から正式に、二一世紀型の通貨システムとしての暗号通貨（アロハコイン）を国の基軸通貨にしたこと、それが世界中の小諸国にとっても有用なシステムであることから、先住民族の再建、復興につながるとのメッセージが示されている。

「ランド・オブ・アロハ、ここが暗号通貨のホームベースです。他の暗号通貨はどこの誰のものかわからないが、アロハコインはここがホームベース。やがて、他の小さな発展途上の国々でも使われていくことになると思う」と、バンピー元首はアロハコインの将来に期待をかける。

地球のリフォーム

石山代表は一九六四年一一月、神奈川県小田原市に生まれた。地元の進学校を卒業後、弁護士を目指して駒沢大学法学部に進学したのだが、卒業後は三和シャッターに就職。設計部に所属した後、営業部に転じ、山形新幹線の開通に合わせて、山形支社に異動。地方生活に耐えられずに退社する。

エリートコースをたどった彼は、かなりの額の退職金を手にして、大学で取得してあった資格を生かそうと、先輩が経営していた不動産業に出資する。だが、その金を先輩が持ち逃げするなど、社会の厳しさの洗礼を受けた。その後も世間の荒波に揉まれつつ、ひと山当ててはだまされながらも、マイケル・ジャクソンの美白の元になったという特許商品の権利を買って創業した化粧品会社時代、その商品を扱いたいというハワイのジェナ・クローリー代表を紹介されたのが、ハワイとの接点になるという紆余曲折を経て、本業であるアウトレット・リフォームへと至る。

石山代表のこれまでのビジネス展開は、ジュジュベ・グループが地球のクリニックを使命にしているのに対して、彼の場合は世の中全体のリフォーム。それもまたバンピー元首が掲げるアロハの精神であるポノ（正す、元に戻す）に基づく地球のリフォームである。

国の基軸通貨

アロハコインの立ち上げに尽力し、第一号マイニング元となったゴールドコマンドは、Xデー後はマイニング専門の会社になる。同社の石山誠代表は、彼がハワイに深く関わることになったバンピー元首の人間的な魅力について、「口先では多くの政治家が国づくりについて言葉にしてますけど、実際に自分の国をつくっていこうなんて、そんな話はどこにもない。この混沌とした現代社会において、自分たちの国を自ら立ち上げて、ポノ（原点回帰）しようとしている。そのバンピー元首の姿に感動したんです。感動というのは人を動かし、人を呼び集めます。ランド・オブ・アロハは今まさにそうした状況にある。僕がランド・オブ・アロハに賛同し、アロハコインを発行をお手伝いしたのも、そのためです」

と、その熱い思いを語る。

ハワイ王国の末裔ということは、日本で言えば天皇陛下のようなものだ。しかも、他国の王家とのちがいは、多くの王家が戦いや力によって今日の地位を得ているのに対して、ハワイ王家は日本の天皇家同様、徹底した平和主義で、事実、バンピー元首の戦いも平和裏の抗議を通じて、無抵抗・無暴力で戦い取ったものである。

聖地ワイマナロを取り戻した後、多くの国からさまざまな形の支援、あるいはボランティアがバンピー元首のもとにやってきた。だが、長年の不幸な歴史に翻弄されてきたネイティブハワイアンたちは、あまりに深く傷ついていた。

そんな彼らに寄せられた多くの善意も、ほとんど実ることなく、いつしかみんな去っていく。その繰り返しにうんざりしていた彼らが、最終的に信頼を寄せたのが、ハワイとは明治の時代から深い歴史的な因縁のある日本人である。

実質的にバンピー元首の国でしかない独立国をいかにして未来へつないでいくことができるか。その中心になったのが、ジュジュベグループ（亀井士門院長）であり、ジェナ・クローリー代表と亀井院長の弟・亀井摩周氏である。

ハワイ先住民の経済的な自立を目指して、土地の開墾と生活環境の整備など、まずは日本人ボランティアによる開墾作業から始まり、やがてランド・オブ・アロハ世界平和プロジェクトの展開から、アロハコインの発行という形で今日に至っている。

基軸通貨の発行は同プロジェクトが、本格的にスタートする最終的な条件が、ようやく整ったということでもある。国づくりの基本として、経済建設の鍵となるのが、通貨だからである。

それは、これまでの暗号通貨の誕生の仕方そしてサクセスストーリーが、投機や金儲けがほとんどであるのに対して、アロハコインは初めて国が基軸通貨として認めた、本来の国づくりに直結する政策通貨の誕生を意味する。目的がはっきりし、出自がしっかりしていて、アロハコインを他の暗号通貨にはないブランド価値を与えている。その意味でも、いわゆる暗号通貨の常識・

概念を変える可能性を持っている。

事実、アメリカ合衆国が通貨の発行権を認めること自体、極めて異例のことだが、バンピー元首とクリントン大統領が署名を取り交わしてから二〇余年、アロハコインの誕生により、ハワイは確実に独立に向かって進みつつある。

ハワイの汚水処理

アロハコインの商標登録に関しては、農業から金融その他、あらゆる分野に関して特許庁に登録を出願、二〇一六年の四月に登録が確定しているなど、万全の体制が整っている。今後は中国、韓国、アメリカ本土へのより一層の浸透を図っていく。広い範囲でマイニングが行われることにより、ネットワークがつながり、ブロックチェーン方式の暗号通貨はシステム的により安定してくるという。

二〇一七年、日本で改正銀行法が施工された後、暗号通貨は正式に貨幣と交換可能になる。円とドルが連動する形で、アロハコインがまさに日本とアメリカ、東西を結ぶ金融・経済の架け橋として機能する日が来るというのが、基本的な流れとなる。

そのアロハコインは基軸通貨としての経済効果と合わせて、アロハ産業を構築していくためのさまざまな事業に使われる。

その中にはアロハコインでなければ買えないモノや利用できないサービスがある。例えば、ランド・オブ・アロハ内にリゾートを設計して、シェアリングを含めた販売も計画されている。そのための土地に関して、すでに二万四〇〇〇坪の借地契約書も取り交わされている。

あるいは、アロハブランドのメロン栽培をはじめとした農業、養鶏等の畜産事業、水事業、紫外線発電など、ネイティブハワイアンの経済活動に寄与するものとして進行中である。その先には、ハワイの観光資源として一般観光客にとっても、ぜひ実現してもらいたい計画がある。

水質の汚染が問題になっているアラワイ運河を、日本の技術で浄化しようとの試みも進行中のようだが、それも元から断たなければ根本的な解決にはならない。

ワイキキでは沖合のサンゴが枯れてきて問題になっているというが、水質の浄化に関する驚くべき事実は、ハワイの下水処理が基本的にハワイの海洋沖に、ほとんど処理されないまま、六本のパイプを通して放出されているということだろう。

その事実を知った石山代表は日本のハイテクノロジーを使った水質の浄化を、まずはランド・オブ・アロハ内のヴィレッジから始めて、その成功モデルを一つの成果として、全ハワイに広めていきたいという。それもまた、バンピー元首のかねてからの願いである。

「垂れ流しになっている生活排水を浄化槽をつくってきれいな水にする。それは何百億円かければ、最初からできることですけど、それをバンピーが地域の、ハワイのためになる事業を、小さなヴィレッジでやっている。だったら、自分のところでもできるという形で、いろんな国がマネできる。どこかの国がＯＤＡのお金で『ハイ、つくりました』と言っても、絶対に広まらないですよ」

と、石山代表は取り組みの意味を語る。

宇宙貯金という発想

石山代表の行動の背景には、ユニバーサルアカウント（宇宙貯金）という発想がある。困った人を助けるだけではなく、だまされたときも、単純に相手に恨みをぶつけるのではなく、大所高所から反省とともにものごとに対処する。そのときチャリンと銀行の通帳には記帳されないアカウントが積み上げられる。陰徳同様、貯金通帳には記帳されないが、宇宙貯金は確実に増える。

そんな宇宙預金を強く意識し、周囲にその重要性を説いているという彼にとって、宇宙預金とは、彼の人生を貫く「人生に無駄はない」という信条がもたらす果実でもある。多くのマイナスを含めて、経験は挑戦とともに、その後の人生の大きな財産である。

「ランド・オブ・アロハに賭けるバンピー元首の夢を実現させるため、世界平和プロジェクトの全体像を明確にすることと、その一部門を自分が手掛けられたらと思う」と、あくまで裏方のサポーター役に徹する石山代表の事業の屋台骨はリフォーム業。事業に失敗する中で、リフォーム業を立ち上げて得たものを、バンピー元首のために使うのも、そのためである。

しかも、石山代表にとっても、アウトレットリフォームで積み立ててきた貯金とそのビジネス体験を世の中のリフォーム、さらには地球のリフォームに役立てることができる。

それは投機＝儲け主義にかたより過ぎて機能不全に陥っているマネー資本主義、その金融経済の在り方を正す、原点回帰する役割とともに、ランド・オブ・アロハという形での国づくりを通じて、先住民族の伝統文化、考え方、生活様式、つまりはアロハ精神の普及、アロハ産業の復興が、閉塞感のある文明社会に対する希望のメッセージともなる。

＊　＊

編集部に届いた反響

アロハコインを巡って、雑誌掲載後『エルネオス』編集部に届いた反響の一つは、ネット上でジャーナリストを名乗るM氏から「アロハコイン」がいかに実態のないものか、その根拠（？）を羅列した内容のメールであった。

実態を知らなければ、遠いハワイでの話など、嘘のような展開に思えても不思議ではない。そのため、編集長としても無視できずに「どう対応すべきか」と、筆者に連絡があったわけである。

そこで、まずはM氏に宛てた私の立場を記した返信（一部省略）を紹介する。

以下の内容を読めば、いかにM氏のメールがお門違いなものかがわかるはずだからである。同時に、ネット上に散乱してきたM氏による「アロハコイン」に対する中傷・誤解を払拭するために有効だと考えたからである。

事実を知らず、その場に立ったことがない者に、知らない事実と見ていないできごとを信じろというのは、意外に難しい。特に、見たくない、信じたくもない相手には、なかなか通用しない。従って、私のM氏への書簡はアロハコインを「詐欺」と信じ、別名で「ジャーナリストK」を名乗って、批判を続けてきたM氏のためのカウンセリングのようなもの。テーマは「正しき批判はいかにあるべきか」である。

自称ジャーナリストへの返信

〈前略　M様のメールは、本来ならば「美しい誤解」として無視すべきところですが、編集部に余計な仕事を増やしているようなので、参考までに一筆啓上する次第です。

私がもともとM様の名前を知ったのは、私の知人のハンガリー絡みのビジネスに関してハワイの友人から「間に入っているのが、M氏なら、彼は詐欺師なので気をつけるように（知人に）伝えてほしい」と言われて、確認したところ、M様が通訳のような形で関わっていたというものです。

その知人は、私の指摘に「通訳だと思うが、特に深い関わりはない」ということで、問題はなかったようですが、要するに私の最初の印象は「詐欺師」というものです。

とはいえ、私が詐欺師という場合、もちろん世間的に事件を起こしたり、人をだましたりする人物という意味で使っているわけですが、私にとって詐欺師は「人生の教師」というのが基本的な認識であり、個人的には「詐欺師上等」というものです。残念ながら、いまの世の中には不可欠な存在という見解です。

従って、人から自分が詐欺師と指摘されても「またか」と思う程度で、無視してきたわけですが、たまには関わりを持つこともあります。

そんな一つに、他人の裁判で誰も被告側の証人のなり手がないとのことで、私が証人として出廷したことがありました。

法廷では、原告の阿含宗・桐山靖雄師の印象を「詐欺師のようなもの」と述べたことによって、その後、告訴取下げになったことで、多少は力になったのかなという感じです。

その桐山師を詐欺師と言ったのも、困った存在とはいえ、それを必要とする人たちがいるという意味で、私としては何の恨みもないわけです。ただ、私の前では詐欺師をひけらかして欲しくないという程度のことです。

逆に、私が告訴されたケースでは、幸福の科学からブラックジャーナリストとか言われていたようですが、くだらない訴訟は講談社に任せて、いわゆるジャーナリストとしては（戦う相手としては情けない相手ですが）勲章のようなものだと考えています。

ちなみに、オウム真理教のことは世間では誰も知りませんが、私がサンデー毎日にネタを提供して連載させたものです。私が個人の名前でやらなかったのは、危険な相手に対する正しい戦い方として組織で戦うべきだとの理由からです。（その後、週刊文春の連載が始まって、弁護士一家が殺害されたのは、私に言わせれば戦い方を知らない不幸ということになります）。

そうした私のジャーナリストとしての仕事がどのようなものであるのか。参考までに、自己紹介代わりの略歴（※省略／「はじめに」に一部掲載）を同封いたします。

要するに、私のジャーナリスト人生は、世の中のくだらない問題を、例えば「三越」や「西武」など、様々な事情から（専門のジャーナリストが書けば仕事を干される、命の保証がない等から）誰もやらないために、ほとんど素人の私がやらざるを得なかったという悲しきジャーナリストの軌跡です。

それは今日、M様がいう詐欺（アロハコイン）による被害者が、何かをなそうというときに、最初に頼るべきジャーナリストが、実はジャーナリスト早川だという証明のようなものです。

バブル崩壊後、時代は変わり、大企業や超ワンマンでも叩けるようになって、多くのメディアがいまさらのように偉そうに叩き出したため、私は逆に傷ついた日本経済を元気にするように、ベンチャーをクローズアップしようと「ベンチャー発掘！」を始めたわけです。

それが「ヨイショ」と言われれば、その通りのように思えますが、それはアロハコインに限らず、私のベンチャー発掘の特徴です。それを「ヨイショ」と決めつけるのは、ゲスの勘繰りというもので、当人の程度の低さを反映したものでしかないのは、ジャーナリスト早川の足跡を見れば、わかるのではないでしょうか。

にもかかわらず、そうではないと、仮に否定されたところで、それはよくある美しい誤解として、白が黒に、黒が白になるというマスコミ・メディア、権力のなせる技であり、私の知ったことではありません。

ご指摘の石山誠代表の件は、何をもって詐欺といっているのか、よくわかりませんが、私の立場はハワイの関係者から「詐欺師」と注意されたM様の側ではなく、アロハコインの説明会に同席している、面識のある弁護士の側の立場だということです。

ビジネス面におけるインセンティブな要素を問題にしたいようにも思いますが、ネットワーク、システム販売面におけるアムウェイ等が、堂々と世界でビジネスを繰り広げているのに比べれば、はるかに問題がなく、有意義だという印象です。

むしろ、M様の詐欺商法を許さないという情熱は、アムウェイ等のより影響力のある存在に向けられるべきものかと存じます。

どの程度の被害者がいるのか、どっちみち欲をかいた連中が、つまずく程度のことで、そんな連中の味方をするよりは、ランド・オブ・アロハの理想に多少なりとも役立つことに尽力するほうが、だまされても救いになると、M様がなぜ考えないのか、理解に苦しみます。

バンピー元首に利権話を持っていったところ、詐欺話とされたため、折角の儲け話がオジャンになったと聞いてはおりますが、今回の一連の営業妨害、誹謗中傷は名誉棄損に値するものです。無責任が実情というネット上とはいえ、これ以上の根拠なき言動は慎むべきことを、老婆心ながら忠告して、返信に代えさせていただきます。

草々〉

その後、M氏の誹謗中傷は、営業妨害・名誉棄損に値することから、訴訟沙汰となり、M氏の誹謗中傷が事実に反するとして、削除されている。

大きな理想の裏側

一騒動持ち上がる背景には、本文の冒頭に暗号通過（仮想通過）の「九五％は詐欺！」とある世界だけに、アロハコインを開発援助した石山代表およびジェナ・クローリー代表の側にも弱点はある。

一言で言えば、システム販売やネットワークビジネスその他、多くの投資話同様、お金に目敏い人間が理想に賛同したような形ですり寄ってることである。

筆者が最初に「アロハコイン」について知ったのは、二〇一五年一二月、ジュジュベグループの取材でハワイを訪ねたときである。

パールハーバーデー当日、ハワイ独立主権国（ランド・オブ・アロハ）での四周年記念式典に、日本からのアロハコイン関係者が参列。夜にはワイキキのホテルでアロハコインの創始式および祝賀パーティが行われた、その場に日本からのジャーナリストを代表して出席した。

その様子の一端は本文（注目のベンチャー2）に記している通りである。とはいえ、それは暗号通貨（仮想通貨）という、通常は投機目的、金儲けの対象とされる新たな電子コインのお披露目である。

株式に例えれば、ＩＰＯ銘柄のようなもの。新規公開株を目敏く入手すれば、とりあえず先行者利益は得られるという、そんな有象無象が集まっていても不思議ではない。

事実、世界の流れに乗る形で、二〇一七年五月には一ビットコインが三四万七〇〇〇円台に乗せて、さすがにバブルが懸念されている。

ハワイに集まった連中がどれだけバンピー元首の思いをくみ取れるのか、石山社長の誠意を理解できているのか、表向き大成功のスタートに思える式典も、一抹の不安が感じられた。それは同年末、日本にパンピー元首を迎えて行ったパーティも、似たようなものとの印象であった。

ビジネスに限らず、何事も目標が高ければ、落伍者は必ず出てくる。お金が絡めば、理想を忘れて、自己保身とともに利益配分を巡っての対立も始まる。もともとシステム販売、ネットワークビジネスの世界で仕事をしてきた連中も多い。

アロハコインのスタート時、代理店づくりに力を発揮して、当初は石山代表の代わりに表舞台に立っていたN氏などは、どこでまちがったのか、アロハコインに注力すべきところ、独自の動きを始める形で、組織の足並みを乱している。

仲間割れと言えば、わかりやすいように思えるが、しょせん最初からランド・オブ・アロハの理想を共有できるような相手でもないということだろう。事実、新たなコインの展開を始めて、アロハコインの悪口を一生懸命言いだしているというではないか。

ジャーナリストの立場からは最初からわかっていたような展開だが、そうした連中を相手にしなければならないのが、石山代表の辛いところでもある。

M氏の中傷、N氏の造反と、御難続きの日本におけるアロハコインだが、本拠地ハワイでは着々と基軸通貨としての体裁も整い、関連プロジェクトが進行している。

ホヌ・リゾート

雑誌掲載後の変化については「注目のベンチャー2」でも紹介しているが、ジュジュベ・グループ同様、ランド・オブ・アロハの進展ぶりには著しいものがある。二〇一七年四月には、国連議会（先住民問題に関する常設フォーラム）にハワイ独立主権国が参加、アロハコインがランド・オブ・アロハの経済を支える基軸通貨として正式に紹介されている。

日本の協力のもと、各種事業が進展していることは、本文でも紹介しているが、そのイメージがより明確になったのが、自然にやさしい発電システムと循環型浄化システムにより、環境と共存したリゾートづくりだろう。

現在、ハワイ独立主権国の聖地ワイマナロでは、ハワイ王国の伝統を継ぐ新しいコンセプトによるホヌ・リゾート（Ｈｏｎｕ　Ｒｅｓｏｒｔ）開発事業「癒しのリゾート計画」の建設が急ピッチで進んでいる。

大地のパワーがみなぎる、マナ（精霊）の宿る地ホヌ・リゾートは、ハワイの自然を背景に人々の癒しと再生を可能にするエコロジカル・ライフを提供する。そこでは、いまもマナが支配するスピリチュアルなパワースポットに相応しい古代ハワイの神殿ヘイアウが再現される。

パワースポットとは、もっとも神の力が働く場のことである。かつての日本で、あらゆるものに神が宿ると信じられてきたように、ハワイでは森羅万象すべてにマナが宿ると信じられている。日本で八百万の神々が崇められてきたように、ハワイでもいかにマナを味方にし、自らの力の源泉にするか、様々な工夫がなされてきた。

パンピー元首がランド・オブ・アロハの象徴として、またホヌ・リゾートの建設に当たって欠かせないものとして、神々や精霊に祈りを捧げる場としてのヘイアウを建設し、リゾートのレイアウトに環円の形状の「KU.E」を模しているのも、そのためである。

いわゆるヘイアウでは石材を積み上げた上に木造の神殿を建立、そこで様々な祭事や行事が執り行われてきた。ヘイアウは現在でもハワイ先住民の神殿として存在しており、その一部は遺跡や特別な場所、モニュメントとして各地に残っている。その中にはパワースポットとして、ハワイ観光の目玉になっているものもある。

ホヌ・リゾートづくりと、そこで実際に展開されるビジネスプランは、そのままランド・オブ・アロハの思想と活動そして経済に直結している。

直径七二メートル（半径三六メートル）のサークル状レイアウトとなっており、中央の噴水オゾンゾーンを中心に、円周上に芝生のグリーンゾーン、一〇メートル幅の道路が配置される形で、総面積は一万坪に及ぶ。

ゲストハウスはリゾートホテル仕様のモービルホーム（移動可能な豪華トレーラーハウス&ドームハウス）二二二軒が、噴水を中心にして四四軒び、外周へ六七軒、一一一軒という具合に円形状に配備される。フロント機能を持つ中央管理施設、食堂、ゲスト用の付随設備なども用意される。

円形状の特性を生かしながら、なおかつ高級リゾートに相応しい環境優先型のつくりとなっている。固定した建物ではなく、移動可能なため固定資産税がかからないという経済的な利点もある。

ホヌ・リゾートでの過ごし方の提案として、ハワイの自然とパワーを十二分に生かせるものとして、ランド・オブ・アロハの指定クリニックである「ジュジュベ・クリニック&サロン」による東洋医学、ホリスティック医学等、様々な施術の他、ハワイアン・リラクゼーション・ヒーリングを体験することができる。

その他、地域社会における健康ユートピア構想「プロトン・ホヌ・ヘルスプラン」が用意されており、こちらはプロトンを柱としたヘルスリゾート構想になっている。

プロトンとはギリシア語で「最初のもの」「根源」を意味する。「水の惑星」と言われる地球は、混沌のマグマの海の中から、やがて地球上のすべての命を生み出していく。そのすべての始まりが、水だということである。その水の中に電子を伴って潜んでいるのがプロトンである。

プロトンは物理学においては、量子物理学用語として知られるハドロン（強い相互作用で結びついた粒子一般」を言う）の一種・陽子のことを指す。化学においては、水素イオン、特に軽水素（重水素と区別するため、軽水素と称する通常の水素）の陽イオン（＝陽子）を指す。

「プロトン水」とは、一般にはなじみがないが、電気化学的に解離した水のこと。水の解離とは水分子（H^2O）がエネルギー反応によって、素粒子化する現象をいう。一般的には中性の水は、解離してプラスの電荷を持つ水素イオン（別名プロトン）とマイナスの電荷を持つ水酸基（別名プロトンドナー）となる。

要するに、プロトン水とは水の中に電子を伴って潜んでいるプロトンを閉じ込めたものであり、水が本来備えていた水素由来の還元力・免疫力・洗浄力を有している。それらの性質により、プロトンドナーとして働く水酸基の還元作用とともに、例えば生体に生じる病気の原因になるフリーラジカル、有害な活性酸素を消去する。

プロトン・ホヌ・ヘルスプランは、具体的には1．陽子線治療による最先端がん治療、2．プロトン水による農業・産業の発展、3．プロトン水による予防医学推進という三つの柱で構成される。

水が本来備えている水素由来の力を最大限に生かす「プロトン水」が有する還元力・免疫力・洗浄力を用いて、行き詰まった現代文明社会が置き忘れてきた自然への感謝と回帰への道を示す。人々が健康に安心して生きられる自然環境の確立こそが、ホヌ・ヘルスプランの根幹となる。

ホヌ・リゾートではプロトンサイエンスを全面的に導入して、上下水道ともプロトン水を使用。ドームハウスを利用したミストルームをはじめ、ガン患者が体質改善・健康回復を図れる施設内容となっている。癒しのリゾート（癒しの里）と称するゆえんである。

ブルークロスインターナショナル

ランド・オブ・アロハ・プロジェクトに欠かせないプロトン水（解離水）の製造技術を持つ一般社団法人「ブルークロスインターナショナル」は「水は万物の根源である」を基本理念に、水のエネルギーの元であるプロトンを柱に環境保全、医療・産業・環境・科学分野への普及を目的に、様々な事業を展開している。

具体的な活動の一つとして、プロトン水を用いた地球の環境問題並びに人類の健康問題を解決するためのヘルストータルケアに取り組んでいる。

NGOグリーンクロスインターナショナルと連携した活動を進める公益法人として、ブルークロスインターナショナルは開発途上のスリランカで深刻な被害が出ている生活用水の浄化による人道支援や、メキシコ湾における石油掘削基地爆発事故による海洋汚染の浄化を行うといった実績により、アメリカ環境保護庁など多くの国際機関の認証を受けている。

NGOグリーンクロスインターナショナルはノーベル平和賞受賞者であるミハエル・ゴルバチョフ元ソ連大統領が地球環境保護を訴えるために、一九三三年三月に設立。

「人類に新たな機会を、地球に明るい未来を」のキャッチフレーズを掲げて「世界が相互に依存し合っている事、そして人類は自然に対して共通の責任を有しているという新しい考え方を促進させ、価値観の変革を促す事により、公正で持続可能な未来を築く役目を担う」ことを、使命にしている。

その活動は世界三一カ国の承認を受けている他、多くの著名な賛同者がいることで知られている。いずれもランド・オブ・アロハと同じ志、使命を持つことによってつながっている。

プロトン水を用いた取り組み「プロトン・ホヌ・ヘルスプラン」の柱の一つ「プロトン水による農業・産業の発展」に関しても、プロトン水を利用した抗酸化型農業への応用が進められている。

もともと水とともに、食は人間が健康に生きていく上での基本である。現代の食をめぐっての乱れが、環境破壊から生活習慣病などの一因となってきた。

特に、現代農業では水や土壌の汚染とともに、窒素化合物である過度の硝酸イオンの人体への影響が問題になっている。特に消化管内で亜硝酸イオンに変換され、タンパク質・アミノ酸と結合し発ガン性物質（ニトロソアミン）が合成されるなどの健康被害が明らかになっている。

「プロトン・オーガニック・ファーム・プロジェクト」とは、プロトン水を用いた抗酸化型農業への転換であり、世界初の高性能循環型栽培システムを取り入れた農業の推進である。

最先端科学の成果であるプロトン水テクノロジーと、自然に多くを学ぶオーガニック農業（有機栽培農法）を組み合わせることにより、健康を回復し、本来の人間らしい生き方、在り方を取りもどす。

ハワイ諸島というミクロコスモス（小宇宙）を、エコロジカルな空間として生きてきたハワイ人が古代から継承してきたライフスタイルを、現代に甦らせるのがプロトン・オーガニック・ファーム・サークルである。現代文明に疲れて病んだ心を癒して、心身ともに健康を実感できる、再生のための食物を生み出す。

すでに、メロン他のフルーツ、トマト栽培などが行われており、今後ホヌ・リゾートに相応しい「オーガニック・ファーム・サークル」として展開される。

プロトン・ホヌ・リゾートの一日も早い完成が、いまから待たれるが、ランド・オブ・アロハの大きな使命であるハワイの汚水処理、水質浄化に関しても、スリランカ水源汚染、メキシコ湾原油汚染における国際的な実績のあるプロトン水質浄化システムを用いることで、環境浄化プロジェクトの強化を図っていく。

バンピー元首から届いている筆者へのメッセージは「天からの啓示が降りて、私は日本の協力のもと、ランド・オブ・アロハ世界平和プロジェクト並びにアロハコインを展開していく決意です。よろしく」というものである。

その行方は、ハワイと日本の将来だけではなく、世界の表舞台で混乱を極めるばかりの展開が続く現状を見据えた、要は国際関係の在り方、地球の将来に深く関わる。

アロハコイン並びにバンピー元首率いるハワイ独立主権国ランド・オブ・アロハの今後が期待される。

第2章　日本は世界のビジネスセンターである

■■家族主義・人本主義による日本型経営の道を行く■■

注目のベンチャー4

開発総合支援という考え方を貫く「日南グループ」

堀江勝人代表／神奈川県綾瀬市

すごい会社があった！

日南グループ（堀江勝人代表）には本当にビックリした。「スゴイ会社」と文中でも紹介しているが、その印象はいまも続いている。しかも、近い将来、さらに大きなものになる。そう断言できるのも、その後の事業展開の進み具合を、改めて取材に行ってわかったことである。

東京および中央のメディアで注目されることはないが、グループの中心的な生産拠点である宮崎県西都市で、同グループが推進しているプロジェクトが、大げさに言えば地域を変えるだけではなく、日本を変える可能性さえある。

日南グループを知ったのは『エルネオス』の連載をまとめた三冊目のベンチャー本『日の丸ベンチャー』に登場する株式会社プロモーションの菅原泰男社長の紹介による。

宮崎県西都市出身の菅原社長に「どこか宮崎県のベンチャー候補を紹介して下さい」と頼んだときに、わざわざテレビ宮崎の渡邊道徳社長に聞いてくれたものである。

後日、菅原社長と一緒に神奈川県の本社を訪ねていったところ、実は日南グループは菅原社長自身、そのとき初めて知ったという。同郷の菅原社長さえ知らなかったという意外な事実に驚くとともに、同グループの概要を聞いて、思わず出た言葉が「こんなスゴイ会社があったんだ！」という正直な感想である。

知らなかった理由は、日本を代表する企業の縁の下の力持ちの役割に徹する「開発総合支援」をうたい文句にしているからでもある。地元のグループ企業「ウイント」は、宮崎を代表する企業の一つであり、テレビ等のメディアにもよく登場する。だが、日南グループとして、首都圏での取材はその必要性が特になかったためか、意識的に避けてきたようでもある。

そんな日南グループの素顔を初めて首都圏の雑誌『エルネオス』で取り上げたのが、以下に再録する「ベンチャー発掘！」（二〇一五年二月～三月号）であった。

＊　　＊

アベコベノミクス

円高から円安へ、世界の動きがそのまま日本経済に直結する現在、頼みの「アベノミクス」は、先行き不透明なままである。

それでも確かなことは昔も今も中小企業が大企業を支え、地方が元気にならなければ、日本経済の再生もあり得ないということだ。

液晶テレビ、ケータイ端末など、かつて日本経済の花形だった家電事業が軒並み海外へ流れている。円安の影響ばかりでなく、品質や安全管理面から工場を中国から日本に回帰させる動きもあるとはいえ、基本的に日本経済は同じパイの食い合いを演じながら、今日を迎えている。それが中小企業、地方の実感である。

そこには「ここを耐えておけば何とかなる。苦しくても頑張っていれば、景気も良くなるだろう」という期待もある。その一方で大きくなりつつあるのが「やがてアベノミクスとは逆の結果が出てくる」との地方および中小企業に対する厳しい見方である。

株高、ベースアップ、設備投資の動きなどアベノミクスの勝ち組は大企業であり、下請け並びに中小企業は、一部を除いて勝ち組にはなれない。そんな〝アベコベノミクス〟の状況下でも上場へと至る注目のベンチャーもある。

日南グループは「各種モデル製作を主幹事業として、デザイン・メカトロニクスエンジニアリングを駆使したワーキングプロトタイプ・ショーカープロトタイプの製作から試作金型製作・少ロット生産まで、製品開発業務をサポートする開発総合支援企業」である。

要するに、小はスマートフォンから、大はモーターショーに出品される目玉のショーカーのプロトタイプまで、様々な新製品の開発モデルをメーカーの代わりに製作している。メーカー名を出せばその実力のほどがわかるのだが「開発総合支援企業」とは開発面における企業の黒子役、縁の下の力持ちである。基本的に社名が表に出ることはない。

そのため一般的には無名の日南グループだが、その内容を聞いて誰もが発するのが「こんなすごい会社があったんだ！」という驚きの言葉である。

それが必ずしも大げさではないことは、珍しく名前が出た福島原発事故における活躍で有名になった千葉工業大学の小型探査ロボット一つをとってもわかるはずだ。この千葉工大のロボット「櫻壱號」の開発・製作を行ったのが日南グループである。

小型探査ロボット

二〇一四年四月、千葉工業大学と日南グループは原子力発電所の原子炉建屋内の様子を遠隔操作で観察できる小型探査ロボット「櫻壱號」を、日本原子力発電へ納入したとの記者会見を行なっている。

その内容は、日本原子力発電が国産ロボットを採用するのは今回が初めてであり、競争入札の結果「櫻壱號」が三月一四日までに福井県敦賀市の原子力緊急事態支援センターに配備されたというものである。

小型探査ロボットは、もともと千葉工大が新エネルギー・産業技術総合開発機構（ＮＥＤＯ）の「災害対応無人化システム研究開発プロジェクト」を通じて、基盤技術を二〇一二年までに開発。その後、千葉工大と日南が実用化を進めてきたもので、「櫻壱號」は小型ながら、八時間の長時間稼働が可能なバッテリーを搭載、機体を丸ごと除染できるように耐久性、防水性を高めている。

千葉工大は国産ロボットでは初めて福島原発の建屋内の探査に利用されたロボット（Ｑｕｉｎｃｅ）の開発で知られる。当然ながら、ロボット開発のパートナーは日南グループだけではない。技術力の高さが前提だが、日南はその中でも特にデザイン性の高いロボットの製作を担当してきた。

二〇一三年九月、一足先に発表された「櫻弐號」は三菱重工が製造・販売を担当することが決まっている。順序は逆になったが「櫻壱號」は、それまでのロボットの改良型として、いわば満を持して開発されたもの。三菱重工を向こうに回して開発に取り組む「すごい会社」と言われるゆえんである。

そのすごさは日南グループの本社ショールームや生産拠点である宮崎の工場（ウイント総合センター）などを見れば、誰もが納得するはずだ。

そこには世界のモーターショーなどに登場する次世代の戦略車として脚光を浴びた話題のクルマが並んでる。

ハイブリッドから電気自動車など、一つのグループでライバル社のクルマのプロトタイプを手がけるのは、日南グループがそれだけ高い技術力と信頼関係がある証拠である。今年はドイツ車も手がけるという、まさに「すごい会社」というしかあるまい。

ショールームの一角には二〇一二年に公開された人気マンガ「宇宙兄弟」の実写映画版の主人公を演じた小栗旬が訪ねてきたときの写真が、さり気なく飾られている。実写版映画のリアルなロケットなどの重要部分は、日南グループの協力があって実現している。

だが、なぜ日南グループが日本の企業の最先端における重要な仕事を手がけることができるのか。例えば、クルマに関していうならば「タイヤ以外はデザインからＥＶ駆動部（エンジンを除く）、ボディ、内装すべて自社で作っている」というほど徹底できるのか。日南グループの躍進ぶりは、ベンチャーの軌跡としては痛快であるが、同時に東京一極集中の弊害、日本の大企業の問題点なども浮き彫りになってくる。

総合支援企業とは？

支援団体、行政による支援事業、災害支援その他「支援」は、時代のキーワードである。就職支援、ベンチャー支援などビジネス分野における支援の多くは、行政等によるもので営利活動とはなじまないイメージがある。その支援を逆に、日本的な企業活動、経営を支える原動力にしたことで、利益につながるビジネスモデルを確立している。

日南グループが掲げる「開発総合支援企業」とは、堀江勝人代表が事業を通して体得してきたグループのコンセプトである。

「飽くまでもお客さんに喜んでもらえるような、企業における開発面での〝よろずや〟みたいなものです。こういうものが欲しい、こんなものができないかといった、まさに欲しくても手が届かないものを、われわれがメーカーに代わって手がける。

ですから、町工場の総合集大成。全部の設備が揃っている。企画開発から、設計デザイン、印刷から写真製版。大型マシーンから旋盤など、もうないものはないです」

いわゆる日本の町工場が大企業にはできない仕事をやっていることは、よく知られているが、およそ日本の職人技に不可能はない。その町工場の集大成したものが、日南グループというわけである。

アウトソーシングの時代に、その受け皿になっている日南グループが、クルマのタイヤ以外はすべて内製化しているのは、苦難の歴史があってのことだが、要は外に頼むと満足できない、納得できないからである。

製品のプロトタイプを作り上げるのに、創業当初はもちろんだが、高度な技術が求められれば求められるほど、自社だけでは対応しきれない。それが一般的である。そのために専業メーカーが存在するとも言える。

だが、外注に出して満足なものが手に入るうちは問題ないが、やがて壁にぶち当たるようになる。

「一つの製品をつくるのに、自社で足りない部分は外に頼むしかない。そうすると、問題が起きる。例えば、形はつくったとしても、色は外部の技術に頼ったところ満足するレベルのものができない。自社に技術がないばっかりに、外に頼んだために再度やり直す。それで解決すればともかく、これ以上の色は出ないと言われる。そんな不愉快な思いをするぐらいなら、塗装もやろうと。一事が万事、その調子で、納得できるレベルの仕事をしようとすると、結局、みんな自分のところでやろうということになる」

それが、愛知県豊田市の「日南・豊田スタジオ」、宮崎県西都市の「ウイント」、富山県高岡市の「ウイン・ディ」その他、日南グループとなって、今日がある。

グループの成り立ちは、言葉にすれば簡単だが、専業メーカーにできない仕事を自社で賄うということは、それに対応できる人間を採用して、技術者を育てなければならない。そうやって仕事をこなしていくことで、徐々に仕事が増えグループを拡大していったわけである。

その苦労は並大抵なものではない。「大変ですよ」と、堀江代表が言うのは当然だが、それも創業者の仕事、経営のうちである。

「戦争が始まってから戦車をつくったのでは間に合わない」という堀江代表にとっては、経営も仕事も同じことである。経営目標なり、不測の事態に備えて、そのときになって困らないように、事前にできるだけの手を打っておく。

具体的な仕事を例に取れば、納期から逆算して、設計デザインを決め、材料を揃えて、工程を組み立てる。何事も段取りが大事だということである。

言うは易く、誰にでもできることではないが、その当たり前のことを会社の経営、働く環境に生かしている。それが日南グループの大きな特徴である。

二四歳での独立

二〇一四年に創業四五周年を迎えた日南グループにとって、五〇周年に向けた数年間が大事な時期になる。

「日南」という社名からわかるように、堀江代表は一九四四年六月、宮崎県西都市で生まれた。父親が酒販売業を営んでいたこともあり、小学校一年生のころから親戚がやっていた算盤塾に通わされた。

将来何になるといった明確な目標はなかったというが、宮崎経理学校を卒業。一七歳で上京、大手上場企業に就職、社会人としての第一歩をスタートさせた。

あまり褒められた話ではないが、その大手上場企業をわずか二〇日間で辞めてしまった。理由は会社から支給される食券がなくなったため。もともと就職は修学旅行で訪れた東京で、当時流行っていたジャズ喫茶に行って、いわば都会に目覚めたためである。ドイツ製の旋盤、研磨、測定などの技術を一通り学んだが、若い彼には職人技を極める覚悟などできてはいない。

大手上場企業を辞めて、次に勤めたのが、今日の事業へとつながる大手音響メーカーに部品を納入する企業である。

経理担当として採用されたのだが、小さな会社のため、営業の手伝いもする。試作品の部品づくりの仕事をもらって、納品した時、その額の大きさに「これは仕事になる」と二四歳で、独立を決意する。

看板業者の廃材

日南グループの創業は一九六九年八月、株式会社日南工業としてである。最初の仕事は、音響機器の音量調節のツマミやヘッドホンの部品といった小物の製造であった。

独立を果たしたとはいえ、神奈川県大和市の民家を改装した事務所で、営業に必要なクルマを買うと、材料を買うお金にも事欠くことになる。そんな無謀な試みを補うのは、知恵と努力しかない。

仕事の図面を見ながら、材料の調達のため彼が目をつけたのが、看板業者である。それまでトタンが中心だった看板の世界でも、プラスチックが使われていた。そのプラスチック端材がゴミになって積まれている。看板業者には廃棄物だが、堀江社長にとっては貴重なプラスチック部品の材料である。

そこで、看板業者を回って廃材をもらってくる。御礼にケーキを持っていくと、やがてパートの主婦たちから電話で「たまには顔を出して。材料を集めておいたから」と声がかかり、いい材料まで袋に入れて取っておいてくれる。そんなベンチャー創業期である。

音響機器の小物からオーディオのパネルやラジカセ、さらには家電へと、仕事先も音響メーカー一社から、同業他社から家電メーカーへと広がっていく。

一九七四年に神奈川県綾瀬市に工場建設とともに移転、七八年には「株式会社日南」に改称、ロゴマークが誕生している。だが、仕事はあっても中小企業ならではの苦労も味わわされる。次から次へと仕事をこなして、利益は運転資金に回される。そんなある時、従業員のボーナスを銀行から借りて払おうとしたのだが、融資が受けられない。そこで「ゴメン。貸してもらえないから後払いにしてくれ」といって、銀行に払う利息分を加算して、後日、支払うことで乗り切る。グループの配当制をつくることで、やがて今日の実質的な無借金経営につながっていく。

それも社員はファミリーだと考えれば、苦しいときに助け合うのは当たり前のことだ。

「支援」に至る発想は、こんなところにもある。

そうした一つひとつの積み重ねが、今では正社員七〇〇名の日南グループ七社になる。

技術力・スピード・協力

「われわれの仕事は相手側が望む開発モデルを試作し、実際に生産できるところまで持っていくことです。何かアイデアを形にしたいという時、予算さえ合えば何にでも対応できると思っています」と、堀江代表は仕事に対する自信を語る。

何しろ、今では一台二億数千万円もする機械を使って「クルマ一台を一発で削る」というように、日本で七台しかないような巨大な機械を三台持っている。何か新しい商品を開発したいという企業にとっては、まさに縁の下の力持ちである。

日南グループの主力分野は、かつては七割を占めた家電・通信機器等に代わって、現在では自動車関連の比率が増えて、およそ半々の割合になっている。そのベースにあるのはリストラが続いて、いままたブラック企業が問題にされる時代に「支援」という時代のキーワードを、経営の柱に掲げて「働く環境」を第一に考えた経営を行っていること、そして創業こそ神奈川県だが、宮崎県西都市を製造拠点にする地方活性化につながる社会貢献の姿勢である。

独立前に大手上場企業と末端の中小企業の両方で働いたことから、堀江代表は同じ会社をつくる場合でも、常に両社の働く環境を思い浮べる。どちらを目指すかと言えば、両方のいいところである。

目まぐるしく変わる時代の流れ、企業を取り巻く社会環境とともに人の気持ちを思いやりつつ、変化に対応していく能力。資産も人材も生かすことこそが経営である。

そのため、最初から社員寮は独立した一人部屋。社員食堂の食器もプラスチックではなく陶器製。冷凍物は一切使わず、お米は富山から送って来たものを、精米して炊く。敷地内に植えた野菜を使うなど、みんなで協力して運営する。

「人生では働く時間が一番長い。しかも、食べるために働いている。家族を養うために働いている。食べることが基本ですから、どうせならおいしいお米を食べさせてあげたい」という堀江代表の思いは、明るく、きれいな日南グループの工場を見てもわかる。

「メーカーの人が見学に来て、みなさんビックリします」という職場環境は、トイレを含めて基本的に現場もオフィスも変わらない。むしろ「事務所より現場をきれいに」と徹底している。だからといって「整理整頓」とか、余計なことは書いていない。理由は「当たり前だから」。事実、一般的な職場の注意事項は、社員教育以前の内容が少なくない。

「当たり前のことができない人間に、他のことができるかというと、何もできない」というのが、堀江代表の考え方である。

日南グループでは仕事に関して、技術力・スピード・協力という三つの評価が基準になっている。例えば、新入社員が入ってきた時、彼らは自分たちができることから始める。周りの仕事を手伝う（協力）ことを通して、仕事を覚えていく。

仕事以前にもできることはある。職場でのあいさつ、整理整頓も働く環境を良くするための当然の協力というわけである。みんながやれば、新しく入ってきた人間も自然に同じようにする。逆に、年長者は技術力は増しても、やがてスピードは遅くなる。そうした技術力・スピード・協力という三つのバランスが組織を構成する。

「上司や社長にプレゼンするといっては会議ばっかりやっていてもしょうがない。会議なんか、酒を飲みながら居酒屋でやったほうがいい」と堀江代表が言うのも、普段、意見を言えない人間が、本音を語れるからである。要するに、そういう雰囲気をつくるかつくらないかで、企業は大きく変わる。

地域密着型企業

一九八八年、日南グループは、モデル試作品製作に特化した最大の製造拠点として「株式会社ウイント」を創業する。堀江代表のふるさと・宮崎県と西都市からの誘致を受けてのことである。その宮崎で、ウイントは二〇一三年度の宮崎中小企業大賞を受賞している。県内産業の振興や地域経済の活性化に特に寄与している企業を表彰するものである。

採用面での中小企業の弱点の一つは、人材確保が難しいことだが、東京や本社のある神奈川では、なかなか思い通りの人材が集まらない。しかも、基本的にパイの大きさが決まっている中でのビジネスを左右するのは人材である。自社で育成した人間を抜いたり抜かれたりというという「それが嫌でね」と語る堀江代表は、いち早く地方に目を向ける。

西都市に立地以後、堅調に業績を伸ばし、一九九一年に第二工場、一九九八年に第三工場、二〇〇四年に第四工場を増設。さらに二〇一〇年にはウイント総合センターを増設。西都市で二二〇名の従業員を擁する最大規模の事務所となっている。

そのうち一九四名が県内出身者であることに関して、堀江代表は「この二〇年で、若い人たちがほとんど辞めていない。定着率は九九％を誇ります。それだけ魅力のある会社になっているのだと思う」と地域密着型の利点を語る。

二〇〇〇年には富山県と高岡市からの要請を受けて「富山県総合デザインセンター」のある高岡オフィスパークに「ウイン・ディー」を設立。二〇〇四年には愛知県豊川市に「株式会社日南・東海豊川スタジオ」を設立。二〇〇七年に豊田市に移転「東海豊田スタジオ」を設立。トヨタがハイブリッド車から燃料電池車へ、日産が電気自動車へ、金融サービスのシステムで成功したイーロン・マスクがテラモーターズを設立し、電気自動車へ進出して大成功をおさめる時代である。エンジン車から電気へという大きな流れの中で、オーディオ、家電を手がけてきた日南グループの大きな転機となる。ショーメーカーの電気自動車のモータードライバには「日南製」と書いてあるものが搭載されている。

一極集中の東京を離れ、家電から自動車関係へとシフトして行くことで、リーマンショックやケータイ関連事業の海外流出といった事態に、自然な形で対応できている。

日南グループでは、設計から組立までを一人の技術者が担当し、最先端の設備・機材を駆使して、最後の仕上げは手作業で製作する。同時に、一つの〝家族〟としてみんなで助け合って、足りないところは補い合う「ファミリースタイル」がある。

「自分の仕事だからというのではなく、みんなが少しずつ協力することで、仕事や技術を共有する。なるべくクロスして重なり、交わるようにする。そうすることで、みんなが同じ仕事を覚えれば、一人が欠けてもどんな仕事が来ても対応できる」と、クロスする利点を語る。

お互いの仕事がわかれば、手を抜いてもいい部分、手を抜いてはいけない部分をお互い理解できる。そういう形で無駄をなくし、時間を短縮できれば、それが品質に反映され利益につながるというわけである。

温泉付きホテル

日南グループが現在、取り組んでいるのが、ウイント総合センター敷地内に掘削した温泉を使ったプロジェクト（※西都市・宮崎大学との産官学の「妻湯プロジェクト」がスタートしている）である。実質的に無借金経営だからできることでもあり、本業とは無縁のようだが、実はそれもまた「支援」という考え方につながっていく。

「もうやることなくなったから、じゃあ温泉でも掘ってホテルでもやろうか」と、冗談めかして語っているが、確かに近くに西都温泉があり、一ツ瀬川が流れている。立地としては悪くはないが、温泉を掘って、ホテルを建てれば成功するほど世の中は甘くない。

日南グループのユニークなところは、ウイント総合センターの敷地内であることから、儲けるつもりではやらなくてもいいように、例えば社員食堂とホテルの厨房を兼用にするなど、ホテル・レジャー産業に関するノウハウの蓄積を兼ねていることだろう。つまり、もしもホテルとして使えなくなっても、温泉つきの老人ホームになる。

エレベーターの要らない二階建てで、地域の婦人たちを集めてつくる郷土料理を売り物にする。石油は使わず、地場の間伐材やチップで沸かす。使ったお湯は周りの温室やビニールハウスに引いて使えるようにする。そうすれば、冬場の石油代がかなり抑えられるといった、将来に残るような施設をつくっておけば、何かあったときに市へ譲渡することも可能になる。すべて、地域起こしと地域貢献つまりは行政支援というわけである。

今後の日南グループについて、堀江代表は「われわれのペースで、拡大し設備をしながら、モノをつくるだけではなく〝能力を出す〟企業にしていかなかったら支援企業ではないと思っている」と強調する。

「開発総合支援」の意味するところは、日本の中小企業の伝統的なものづくりの進化型である。いずれ自分たちのブランドを持つことを想定して、二〇一六年はそのデザイン力を武器に、独自のデザインによる時計が発売される。一九八一年から、東京・六本木のＡＸＩＳビルでブランドショップ「スパイラル」を展開してきた実績もある。

「自分の目の黒いうちは、どんな時代の変化にも対応できる、いわば絶対潰れない企業体質というものを残してあげたい。それが創業者としての自分の使命だと思う」

そのためにも「世の中の流れに逆らわない、新しい時代を見据えた柔軟性のある経営が必要だ」という堀江社長は、二〇一五年にはアメリカに進出している日本企業とのビジネスを潤滑にする必要もあり、ロサンゼルスに現地法人「USA日南」を設立するため、すでに事務所を開設している。

これまで中国、韓国でのビジネスも経験してきて、今後はアメリカその他、海外へ出ていく日本企業の開発をはじめとした支援を行っていく。上場を含めて、温泉付きホテルの今後、日南グループの今後が注目される。

＊　　　＊

西都・妻湯プロジェクト

雑誌『エルネオス』に紹介した時点で、ボーリング中だった温泉は、西都市と宮崎大学（東邦医大）と日南グループによる産官学の「妻湯プロジェクト」として、地域の大きな期待を集めて、いまも進められている。その全容は、やがて明らかになるはずだが、よくある地方創生・地域起こしとは、そのレベルがちがう。そのポテンシャル、可能性はまさに地方創生の典型的な成功モデルとして、日本中の話題になると思われる。

温泉を掘り出して一山当てる。温泉だけではなく、その昔、金をはじめとした鉱脈、油田などを探し当てた一攫千金の成功者は少なくない。現代のベンチャー経営者を〝山師〟になぞらえるのは失礼だが、その温泉の価値を知る同業者の印象は、まさに大きな「山」を掘りあてた画期的なプロジェクトになるというものである。

二〇一六年五月、日南グループが発表した西都市と宮崎大学と協力して進める「西都・妻湯プロジェクト」の概要は、工場敷地内にある温泉を用いた地域連携事業として「健康な食、健康な生活につながる温泉の活用」を目指す産官学プロジェクトである。

温泉は、同グループが二〇一四年七月に掘削を開始。地下一四三〇メートルからナトリウム―炭酸水素塩温泉を一五年五月に掘りあてたことから、地域連携事業を計画する。

所有する敷地約三万三六三五平方メートルに総工費は約一〇億円で、温泉施設とホテルを建設。温泉施設は地元の西都原古墳郡にちなんで、前方後円墳をイメージしたものになり、二階建てのホテルは最大二〇〇人を収容する。すでに着工され、二〇一七年度中のオープンを目指す。

現在、工場敷地内から噴出する温泉の温度は四七度。近隣の温泉の多くが、沸かし湯であるのに対して、妻湯西都温泉は豊富な湯量から、天然の源泉かけ流しである。その温泉水をハウスや養殖のウナギの熱源に使うことで、燃料費が節約できる。

具体的な研究内容として、宮崎大学と三年契約で、温泉水を使ったウナギの養殖実験を行う。

研究期間は三カ年、日南グループが年間一〇〇〇万円の研究費を負担する。西都市は温泉・ホテル周辺の道路整備や大学の研究をサポートする。

温泉水はフルーツや野菜の温室での実験、養殖に限らず、あらゆる分野に利用できる。

日南グループでも研究所を立ち上げ、新たに研究部門を設立する。

温泉のある高級リゾートホテルは、本文にもあるように、日南グループの社員食堂としても使える。医療・介護面では、例えば車椅子の身体障害者や介添えが必要な高齢者が利用できる温泉付きケア施設の研究を進める。

期待が大きいのは、温泉水自体の力が並大抵ではないからだが、日南グループでは新しい温泉を用いた研究・施設のモデルを確立するとともに、妻湯プロジェクトによる西都市の豊富な観光資源を生かす形で、温泉のある周遊滞在型観光エリアづくりを支援する。

滞在型観光エリアづくり

二〇一六年は、折しも日南市の商店街が「シャッター通り」からの復活を遂げて、全国から視察が相次いでいると、ニュースになっている。

地域コンサルタントの仕掛け人が、地元商店街での店づくりとともに、様々なイベントや交流を仕掛けて「あの商店街に行けば、何かがある」という、その地域や商店街にかつてあった期待感を醸成したことが、復活のきっかけだという。

その意味では、西都市には新しく掘り当てた妻湯温泉がある。

「妻湯」とは、もともと妻町だった町が、合併で西都市になったもの。いまは廃線になった妻駅があった土地として知られる。

その妻がつく温泉の湯は、弱アルカリの炭酸水素ナトリウムが含有されていて、入れば肌がすべすべになる、まさに美人の湯のイメージそのもの。しかも、油脂成分を分解する力があるだけではなく、消臭・殺菌作用も期待されている。水の専門家は、その特徴をマイナス水素イオンを含有する「フランスのルルドの水に匹敵する」と驚いていた。

その意味では、妻湯プロジェクトは成功まちがいなしである。

だが、それが簡単なことではないことは、本文にもある通りである。

「何か新しいアイデアを出していかないと。温泉が出たから、ホテルを建てたからといってビジネスになるという時代ではない」

失敗しないためには、成功するようにつくるしかない。それがわかっていれば苦労はないと言われそうだが、堀江代表が進めるアイデアが、一見「損をしない進め方」になっているベースには、基本的なスタンスとしての〝支援〟がある。

例えば、ホテルの厨房を社員食堂と共有することも、ホテルの食事に匹敵する料理を社員に提供できるということである。

そうしたアイデアが人材発掘といった形での支援や地域起こしにつながっていく。

そんな一つが、温泉に付随する施設での飲食スペースである。イメージは高速道路のサービスエリア。食事スペースが共有というフードコート方式を導入して、進出する店（料理人）が安いテナント料で競合する〝食の道場〟にする。そこで、和から洋、中華、エスニックまで、いろんな若手のシェフ・職人が料理の腕と味を競う。

「新しく店を構えようというとき、普通はお客を呼ぶのにいろいろ工夫が必要ですけど、そこだと温泉・施設に人がやって来るので、人を集める苦労をしなくてすむ。彼らが、そこで腕を磨いて、地域のお客さんの評判が良くて客が見込まれるとわかれば、独立して西都の町の中にお店を構えることもできる。安いテナント料で、その実験・マーケティングができる。そうした修行の場というか、料理の登竜門みたいなものにする」

と、堀江代表が語る、そうしたすべてが地域の活性化、町おこしにつながっていく。

堀江代表の同プロジェクトに対する思いは「自分の生まれ育った故郷に貢献したい」というものである。

今後が楽しみな日南グループだが、その根底には「支援」という自分がいいだけではなく、地域をはじめすべてがいいという極めて日本的な考え方・伝統文化があっての成功。そこに価値がある。

かつて、中央での採用に苦労した時代が嘘のように、いまでは日南グループにはリストラを進めている自動車会社など、日本を代表する製造メーカーから優秀な技術者・社員が、どんどん集まってくるという。

日南グループにとっては、ありがたい話だが、日本の製造業の最前線で起きている、昔とは異なる事態を憂慮する。そんな企業社会で、あくまでも中小企業の底力を示す典型的なベンチャーの快進撃に目が離せない。

注目のベンチャー 5

ドイツを超える世界一の「凄ワザ」町工場「東海バネ工業」株式会社

渡辺良機社長／大阪市西区

新オフィス移転

スカイツリーを支えるバネをつくった町工場として一躍脚光を浴びた東海バネ工業は、テレビ東京の「カンブリア宮殿」をはじめ、ＮＨＫの「超絶凄ワザ」などに登場。多品種微量生産という、ほとんど競争相手のないバネづくりにより世界一を極めた中小企業である。

その躍進ぶりは、本文にある通りだが、東海バネ工業並びにその経営者の優れたところは、二年後、改めて新本社を訪ねて、よくわかった。そこには、不況に悩む中小企業の希望の星であり続けている理由と、それを支える信念と努力がある。それこそ、相変わらずコスト競争、下請け仕事にあくせくする中小企業との明確な違いである。

例えば、社員を思う気持ちは相変わらず、本物であること。それを証明するかのような工場と本社オフィスを結ぶテレビ会議やフリースペースの導入、一二階から大阪の街が望める窓際のソファや休憩スペースのある新しいオフィス。社長室もなく、特定の専用デスクはなく、その日の自由というフリーアドレス制など、実験的で、楽しい職場づくり。すべてが日本的経営に通じる、いわゆる「人本主義」が無理のない形で実現している。

ちなみに、新オフィスへの移転（二〇一六年六月）は「お客様への〝お役立ち〟の最大化のため」である。

まずは、三年前にビジネス情報誌『エルネオス』の「ベンチャー発掘！」（二〇一四年六月〜七月号）で紹介した当時の東海バネ工業の状況から見てみよう。

＊　＊

豊岡工場の完成

アベノミクス第三の矢は、いまだ狙い通りとはいえないが、中小企業および地方に元気がなければ、アベノミクスの成功はない。残念なのは、当の中小企業や地方にその自覚なり、使命感が欠如していることである。

日本の町工場の職人技が脚光を浴びる一方、どこもかしこも中国あるいは東南アジアへと進出、生産の拠点を移す中小企業も少なくない。背に腹はかえられぬとはいえ、国を捨てて、どうするのか。

聞けば「行くも地獄、残るも地獄」といった厳しいグローバル経済の現実が、かいま見えてくる。そんな日本で、元気のある中小企業の鑑とも言える一社が、東海バネ工業株式会社（渡辺良機社長）である。

大企業でもできない技術・職人技を売り物にする日本の町工場・中小企業は少なくないが、東海バネ工業（以下・東海バネ）も、その典型である。

創業以来七五年間、赤字なし。だが、その頑張りと元気さは、一朝一夕で手にできるわけではない。

いつも控えめな渡辺良機社長が「世間の皆様に、少しはお褒めいただけるのではないでしょうか」と語る自慢の二一世紀型新工場が、二〇一三年一一月に一応の完成を見た。

バブル崩壊後の一九九四年、一万坪ほどを取得した兵庫県豊岡市の中核工業団地の一角。工場建設の経緯は、二〇〇一年一一月に「二十一世紀型」と銘打った新工場を竣工。二〇〇七年一一月、皿バネ工場を竣工。二〇一〇年一月、職人の研修・教育の場を兼ねた煉瓦積みの新工場「啓匠館」を竣工。二〇一三年一一月に、最後に残っていた伊丹工場から移転した熱間コイルバネ棟が竣工したことにより、コンセプトとされた「世界最強の手作り工場」は完成した。実に二〇年がかりである。

トレンドを見据えたスピード経営、省力化を謳う経営戦略が脚光を浴びる中、関西でも日本を代表する大企業が、巨大工場をアッという間に完成させたことを思えば、気の遠くなるような話である。

そんな東海バネが、3・11東日本大震災後「東京スカイツリーのバネをつくった会社」として、作家・村上龍氏が案内役を勤めるテレビ東京の「カンブリア宮殿」に登場して脚光を浴びた。その後、NHKの新番組「超絶凄ワザ」に二回にわたって登場するなど、同社の人気と注目度は変わらない。年間六百人が工場見学にを訪れて、渡辺社長の講演も引く手あまたである。

だが、世界に君臨してきた大企業が失墜しリストラを繰り返す中、効率や経済合理性とは真逆のビジネスを貫く東海バネの在り方こそが、本来は経営の王道のはずである。その存在がクローズアップされること自体が、時代の不幸ともいえる。

スカイツリーのバネ

一躍、東海バネを有名にしたスカイツリーには、先端部にある振動制御装置に人間の背丈ほどある一本一トンという特大バネが十二本使われている。世界一のタワーと、それを支えるバネとの意外な関係も、縁の下の力持ちというバネの在り方、働きを象徴している。

三年がかりという仕事はすべて先行投資。会社として、計算上損はしていないはずだが、他の仕事に比べれば、儲けの点ではまったく割りに合わない。だが、完成後の反響を考えれば、広告費としては、逆に安くてありがたい仕事ということにもなる。

というよりも、もともと「損か得か」を考えてやっているわけではない。「他社がやりたがらない仕事を引き受ける」のが、創業以来の東海バネのコア・コンピタンスである。ユーザーがバネのことで困っているのであれば、東海バネが力になる。それは大手であろうが、個人であろうが変わらない。その不変の姿勢が東海バネのモットーであり、社会的な信用の原点である。地道なその積み重ねが実績であり、東海バネの絶対的な自信の拠り所でもある。

スカイツリーの振動制御装置は落札したM社だけが提案したわけではない。ライバル各社も独自の設計思想による提案を行っている。使われるバネがちがえば、コストも変わってくるからである。

そのため、同社のバネが採用されたのはライバル他社とのコンペに勝った結果のように思えるが、何のことはない。同時に提案したライバル他社のバネも担当しているのは東海バネ。どこの社の方式が採用されても、東海バネ製なのである。

何とも意外な真相だが、それは仮につくる技術力はあっても、現実にそんな割に合わないバネをつくる会社は、東海バネ以外にないということの証明である。

大はスカイツリーのバネから、小は人工衛星に使われるバネ、大企業が使う各種バネから個人の愛用するジッポライターのバネ一個まで、多品種少量どころか、多品種微量生産を売り物にしている。

日本のバネメーカーばかりでなく、世界一九カ国、約六〇社のバネメーカーを見てきたという渡辺社長に言わせれば「一個でも、どんなものでもつくりますということを売り物にできるバネメーカーは、日本にはもちろん世界にもありません」ということになる。

その結果の「世界一」であるからこそ、一般的にはバネ屋の宿命とも言える大企業の下請け的な仕事でありながら、買いたたかれることもなく、言い値でのビジネスを貫いて、年間九〇〇口の顧客を相手におよそ一九億円（二〇一三年）を売り上げる。しかも、粗利益率が四〇%を超える超優良企業なのである。

なぜ、そんなことが可能なのか？

渡辺社長の答えは「こうすればうまくいくといった一発ホームランはありません」ということだ。目の前の現実に目を向け、そこで踏ん張りながら、未来を見据えて、後は本気で取り組む。要は人として真っ当な道を行く。経営の王道を歩くならば、天が味方しないはずがないからである。

その原点にあるのが、従業員＝弱者に対する温かい目であろう。

三つの口説き文句

万事控えめな一方、超ワンマンのイメージがある渡辺社長は、東海バネの二代目社長である。それも自ら望んでなった社長でもない。彼の言葉では「不本意ながら、東海バネにお世話になった」のが、その出発点である。

渡辺社長は一九四五年七月、家業である鉄工所の次男として、大阪で生まれた。次男の彼は「家業を継ぐ長男の片腕になるんやで」と言われて育った。そのために、多少の学問も必要だろうと、成績のいい長男を差し置いて大学へも通わされた。

両親の期待通り、近畿大学経営学部を卒業すると、すぐに鉄工所の仕事を手伝った。そんな彼の人生設計は、長男が東海バネ工業の創業者・南谷三男先代社長の次女と結婚することによって変更を余儀なくされる。

先代社長の子どもは三人とも娘で、後継者を誰にするかが大問題だったからだ。長女の婿養子は、どうやら経営者には向かない。次女と結婚した渡辺社長の兄は、両親が手放さない。三女は当時まだ結婚前。やがて「長男がダメなら次男を」ということで、渡辺社長に白羽の矢が立てられる。

他にも候補はいたはずだが、先代の目に適わなかったのか。「自分の役割は長男を助けること」と信じる渡辺社長が断っても断っても、先代は諦めない。最後は「もう、あんたしかおれへんねん」と、泣きつかれる。

そんな先代の苦悩を見てきた母親の「あんだけ言ってるんやから、行ってあげえや」という言葉に背中を押されて、ようやく決心する。一九七三年一〇月、実に不本意な形での東海バネ入社の顛末である。

だが、不本意だったからこそ、いいこともある。長男の片腕のはずが、東海バネの社長であれば、まちがってなったようなものだ。「オレが、オレが」と自信満々でなった社長にはない謙虚さ、反省が身についている。

事実、彼の二代目の仕事は「自分が引き継いだ会社を次にバトンタッチする。その準備を整えること。野球で言えば中継ぎ＝セットアッパーの役目に徹する。だから、この会社はオレのもんやと思ったことは一回もない」と強調する。

とはいえ、先代の口説き文句はなかなか魅力的ではあった。なにしろ「創業以来、赤字なし」である。現在の東海バネの「一個からフルオーダーメイドの多品種微量生産で、価格競争はしない」といった経営方針も、基本は先代がつくりあげたものである。

岐阜県羽島市出身の先代社長は、尋常高等小学校出の叩き上げで、一九三四年（昭和九年）に個人でバネ屋を創業。一〇年目に株式会社となって以来、一回も赤字決算がないという才長けた商売人であった。

しかも「いいお客さん」を抱えている。誰でも知っている日本株式会社を築き上げてきた、錚々たる大企業と取引きをしてきた。

そして「腕のいい職人」。「いいお客さん」からの難しい注文に、何でも一個二個から応じることができる。

「兄嫁から聞いた話」として、彼は「ある日家に帰ったら、四国から腕のいい職人を迎えることになったといって、それまで住んでいた家を譲って、自分たちは、その日から借家住まいになったと言ってました。そのぐらいいいバネをつくることにかけては、すごい執念を持っていた」と先代のバネにかける思いの一端を明かす。

だが、モノは言いようである。何事も外で見るのと、中で見るのとでは大違いである。

円形脱毛症になる

入社当時のこと。「しばらく、こんなもんでも見ておけ」と言われて、財務諸表などを見る機会があった。見れば見るほど「これはあかんで、えらい欠点を持っている」という経営の実態がわかってくる。損はしないけど儲からない。

「職人の手作りなので人件費は高い。しかも材料在庫が山盛りというコストダウンできない致命的な欠陥がある。売上げが増えれば利益も出るけど、売上げが伸びない時はフーフー言ってい るな」との実情が見て取れた。

いい顧客も確かにその通りだが、裏返せば無理な注文をするわがまま放題の客である。おまけに、重工長大の基幹産業の成長期は過ぎて、停滞期から衰退期に入っている。

腕のいい職人も、働き盛りといえばその通りだが、大半が壮年期で、中には老年期の者もいる。ベテランばっかりの中で、二八歳の彼は半年間、現場の研修を受ける。

「おい、これつくってみい」と言われて、材料と道具を渡される。大卒の新人にできるわけがない。いま考えたら、いじめに等しい、パワハラである。

突然の職人仕事にストレスが溜まって、食事がノドを通らず、夜も眠れない。その結果の円形脱毛症である。

「それはそうや。社長候補の私が適当にやろうとしてやっていれば、それほどストレスも溜まらんけど、真面目にやらなあかん、真剣にやらなあかんと思うもんやから、手が抜けない」と、当時の苦しさを振り返る。

真面目な彼は、言われたことに真剣に立ち向かう。結果、逃げずにいたことによって、気難しい職人たちに受け入れられる。

「半年が終わるころ、歳の若い私に対して、彼らが敬語を使うようになりました。その時わかりました、ああプロの職人の世界では本気しか通じへんのや」

そうわかったところで、さらなるコストダウンなどはできない。いい顧客は、すでに成熟産業。気難しい職人を束ねていくのは、至難の技という、それが「一回も赤字はない」という事実の裏側である。

そんな現実に「辞めたいな。何か辞めさせてもらういいきっかけはないかな」と思っていた矢先、先代から「ヨーロッパに行け」と言われて、業界の三〇人ほどの視察旅行に参加する。

三五年ほど前。軽い気持ちで行った、そのヨーロッパで、渡辺社長は「多品種少量生産での生き方とはこうでなければならない」という現実のビジネスモデルを見つけることになる。

ヨーロッパ研修

最初に訪問したドイツで、いわゆる単品手作りという規模も業態も東海バネと同じようなバネメーカーに連れていかれた。見学の後、オーナーとの質疑応答の時間に、彼は日頃疑問に思っていることを尋ねた。

「値決めは、どうしてはるんですか？」

「依頼に応じて、見積もりをして、その最後に当社の利益を乗せる」

日本と同じだが、その先がちがう。

当時の東海バネの場合、見積もり価格を見た客が「うわっ高いな！　次の仕事もあるんやから、安くしときや」といった、いろんな理屈をつけて値切る。次の仕事がなくなっては困るため、泣く泣く値引きに応じる。その繰り返しである。

そこで、ドイツのオーナーに、再度質問した。

「高いと言われて、値を引けと言われたらどうしますの？」

「値段が合わなければ、それで終わりです」

「値引き販売はしないいんですか？」

「工場見たでしょう、わが社は手作りのバネ屋です。そのバネ屋が値引きしていたら、自分で自分の首を締めることになります」

まさにその通りだが、東海バネの場合は注文が欲しいばっかりに、高いと言われれば、唯一削れる薄っぺらな利益を削って、儲からないバネ屋になってしまっている。

オーナーの答えから、彼はお客の言いなりにならず、言い値で買ってもらえる製品サービスをつくらなければ、手作りのバネ屋として生きていけないことを教えられる。

もう一つ、ツアーの最後に訪れたフランスの製管工場でのこと。五〇人ほどいる従業員の三分の一が若くて可愛い女性であった。鉄を切ったり、溶接したりという典型的な3K職場で、若い女性が働いている。

「製造現場は男の職場だ」と思っていた彼は脇にいた通訳に「何で、こんなに若い女性が働いているの？」と聞いた。

「給料が高いからです」

「エッ？　何でですの？」

「人が嫌がる仕事でしょ。だからです」

当時、日本では頭を使うデスクワークは給料が高くて、肉体を使う現場の仕事はデスクワークができない連中がやる仕事と見なされていて、その分、給料が低かった。

通訳の答えに「なるほど、実にまともや」と思った渡辺社長は、これまでの業界の常識を捨てて、現場の職人の仕事を正しく評価する必要性を痛感する。

システムを売る

「会社は社員のためにある」と考える渡辺社長の経営方針は「社員が幸せになるような経営をやりたい」ということに尽きる。

大学卒業後、兄を手伝うため、家業に入った彼は、職人たちの生活をそれまで以上に間近に見る。当時、職人を抱えた小さな鉄工所は、どこも仕事に追われて大変である。

自分たち家族のために馬車馬のように働くそんな職人たちの姿を見て「同じ人間としていつまでもそんな人生を送らせたら気の毒だ」と思った彼は、兄の片腕のはずが、母親から「あんた共産党か」と言われる。口を開けば「職人らにも生き甲斐を感じられるような鉄工所経営をしてやろうや」と、いわば待遇改善を迫ったからである。

根っこに、現場で仕事をしている人たちに何とか報いたいとの思いがある。それも考えてみれば当たり前のことだろう。社長だからと踏ん反り返っていても、彼らがいなければ仕事にならない。バネづくりは職人の頑張りにかかっている。その結果が、利益をもたらすのだから、彼らのモチベーションをどうやって上げるかが、社長の仕事である。

現場の仕事を正当に評価してあげる必要性を痛感した彼は、日本に帰って早速「これからはお客さんに言い値で買ってもらえる付加価値のある製品サービスづくりをしましょう」と訴えた。「できるんやったら、とっくにやっている」との、もっともな声もあったが、不本意ながら東海バネに入社した渡辺社長は、ようやく自分のやるべき仕事を見つける。

だが、現実はそんなに甘くはない。素人の悲しさで、これという妙案は出てこない。そこで、コンサルタントの助けを借りるのだが、当時は日本の高度成長期。相談しているつもりが、どこへ行っても「製造業というのは極限までコストを落とす。それが生き残っていく方法だ」と説教される。

困った彼は「これからは中小企業もコンピュータの時代だ」と考えて、国産のコンピュータ会社を回る。こちらもコンピュータ帳簿の時代が来ていることから「経済合理性のためにコンピュータを」との提案ばっかり。

頭を抱えていたところ、知人からコンピュータ・ベンダーの社長を紹介される。「ヒントが掴めるかもしれない」と、訪ねていった彼は、着いた途端にガックリする。何の変哲もないお酒の小売店だったからである。

だが、店主は開口一番、自信満々に「いまこのあたりで年間一億円売れれば御の字と言われているけど、ウチは三倍の三億円や」と豪語して、薄汚い酒屋の奥に鎮座しているピカピカのコンピュータのスイッチを入れた。

毎朝スイッチを入れるのが仕事だという彼は「御用聞きが酒屋の商売の基本だけど、これからはコンピュータがその代わりをする」と断言した。

「売れた情報も売れなかった情報も、全部ここに入ってくる。ウチはモノを売っているのではない、お客さんにシステムを買うてもらっているねん」

「商品を売らずに、システムを買うてもらっている？」

初めて聞く話に、俄には腑に落ちないながらも、彼は確信する。

「これや！　手作りの多品種微量生産の東海バネこそ、こういう使い方をせなあかん」と早速コンピュータを導入。創業から一貫して蓄積されてきた管理情報を、随時コンピュータ管理へと引き継ぐことで、ようやく今日の多品種微量生産への道が開けていく。

だが、それも一足飛びとはいかない。

退路を断つ

渡辺社長が入社する二年前に、東海バネは兵庫県伊丹市に工場を移転。総合バネメーカーとして、中ロット品の生産に対応できる機械化設備を導入した。渡辺社長の入社は、そんな職人の手作りから機械化への移行を模索する時期である。

そこで、コストダウンを図り、儲けを確保するため、生産設備を生かそうと営業に走って注文を取ってくる。渡辺社長も使用マニュアルを引っ張りだしたり、コンサルタントを招いては、現場でも機械を使いこなせるようにと試みるのだが、相手は手作りの職人である。「機械なんかで作って、どうする」と、逆に反発を招くばかり。

事実、納期は遅れる、不良品は出す。それこそニッチもサッチも行かない。今でこそ、納期達成率九九・九％を誇る東海バネだが、当時は納期遅延率が九九％である。

「これはアカン。職人たちが意欲的に取り組むような作り方をしないと、モチベーションは下がる一方や」

すでにコンピュータを使った生産システム作りを進めていたこともあり、最終的に「中産品生産ラインは捨てる」との決断を下す。いわば退路を断って「すべて単品で行く」というスタンスを明確にした。そのために仕事を断ったことも一度や二度ではない。中には、先代からの上得意である大手製鋼所の建設部門からの主力商品もある。

仕事も断り「フルオーダーメイドで、価格競争はしない」となれば、後は職人たちの頑張りに期待するしかない。

「オレはもっといいバネを作るぞ！」「業界で一番の職人になったる」という思いで、仕事に取り組んでもらうようにする。そんな彼らに頑張る力を与えるのが、東海バネの成績順の相対評価とは異なる絶対評価である。

というのも、東海バネの世界一はもともと「使い物にならん」と言われた人間が頑張った結果である。多くの個性が集まって組織はうまく機能する。縁あって入社した会社で、それぞれが持ち味を生かすことで、やる気も出る。

東海バネでは給与改定と年二回の賞与の時期に、社員の直属の上司と役員を交えた面談が行われる。以前、渡辺社長が担当していた頃は、それこそビリばっかり取っていた社員が、頑張った結果、少しはレベルアップした。

とはいえ、相対評価では相変わらずビリのようなものである。その社員にも彼を頼りにする家族がいる。できないなりに頑張った成果は、評価してあげたい。

「良かったな。お前、評価上がったで。今日は『会社で社長に褒められたって、奥さんに言うてこい』っていうたら、普段褒められることなどない社員ですから『社長に褒められた』って、男泣きですわ。こちらも思わずもらい泣きして二人して感動しあう」

そんな経験から、渡辺社長の持論は「使い物にならん者はいない」というものだ。トップを走る一〇の能力のある人間が一〇の仕事しかしなければ、評価はプラスマイナスゼロ。「足踏みしてないで、一一、一二まで行かんか」と、トップの者でも叱ることができる。絶対評価ならではの良さもある。

海外から日本へ

コンピュータの導入と同時に「単品で行こう」と決めた東海バネに時代も味方する。

インターネットの時代を迎えて、東海バネでも二〇〇三年一月にはホームページをリニューアル。パソコンがすでに普及していたこともあり「どんなバネでも相談に乗ります」「一個からでも作ります」と情報発信したところ、あれよあれよという間に「こんなのできませんか」「あんなのできませんか」との依頼が殺到する。

「単品でお困りのお客さんが、世の中にはこんなに多いのかと呆れるぐらいでした。それも『お高くつきますけど』と言っても、『何とか助けてや』という言い値でのお客様が二〇〇三年一年間で一〇〇社。その後、毎年一〇〇社程度増えて、累計で一〇〇〇社を超える新規の顧客ができました」と、その反響を語る。

二〇〇四年一月の「関西ＩＴ活用企業百撰」最優秀賞受賞をはじめ、二〇〇九年二月の「中小企業IT経営力大賞2009」大賞（経済産業大臣賞）受賞等々でもわかるように、ITの活用が世界一を支える大きな原動力の一つになっている。

ITの活用とともに、いかにも東海バネらしいのは、創業以来変わらない在庫の多さである。大量の在庫は、メーカーにとっては典型的なマイナス材料である。しかし、どんなバネの注文にも応じることを謳う以上、在庫はいくらあっても十分過ぎることはない。そうやって手にした世界一である。

中継ぎの二代目社長としては、その世界一をいかに次につないでいくか。バネづくりも手作業による匠の技が基本とはいえ、世代も替わり、いまでは匠の技を再現するスーパーコイルマシーン「YUKI」の開発にも成功。大きな力となっている。

多くの中小企業が海外に出ていく時代。東海バネは「現地に進出するのではなく、国内の単品需要をかき集めて、その後に海外から呼び込もうかと思ってます」というように日本から出ていかずに、海外からの需要を取り込む。

そのための英語や中国語バージョンのHP作成は今後の課題だが、中国や韓国などからは、すでに問い合わせや注文が来ている。

世界一のオンリーワン企業・東海バネの快進撃が続く。

＊　　＊

研究者の本音

東海バネ工業の渡辺良機社長と初めて会ったのは、二〇一二年二月、新潟大学駅南キャンパス「ときめいと」で行われた新潟大学地域連携フォーラム「足元からの社会連携」イベントでのことだ。

多くの参考になる話があったが、東海バネとの関連では、大学のフォーラムでもあり、研究者の本音も語られている。当時はケータイ電話（スマートフォン）を買うと、通信費を払うことで、端末機そのものが0円になることについて、あいさつに立った新大副学長が「実に腹立たしい」と語っていた。要するに「適正価格を無視して、苦労して開発したものが、実質0円というのでは研究者はたまらない」というわけ。同様に「メーカー自らオープン価格にすることなど信じられない」というわけである。

指摘されてみれば、その通りだが、それが当たり前に通用していることによって「おかしい」とは思わない、そんな世の中になっている。

渡辺社長がヨーロッパ旅行で学んできたことの背景には、日本が明治維新を経て、第二次世界大戦後、急速に欧米化する過程で自国の伝統文化を否定してきたのに対して、同じような危機を体験してきたドイツが、戦後も独自の伝統文化を貫いて、今日あることだろう。

東海バネをはじめ成功している中小企業の多くは、特にアメリカ経由の、近年の経営学の教科書に書かれてきた教えを無視して成功している。

新大フォーラムでの渡辺社長の講演テーマは「挑戦！世界最強の手作り工場／競争しない競争戦略」である。

新オフィスへの移転も、経営者の立場から「オフィスへの投資、環境への投資であり、それが回り回って人への投資になる。人を大切するという以上、気持ちをイキイキと仕事をしてもらえるような環境を提供することは、経営の一つの責任かな」と語る。

その原点には、本文でも触れている現場で働く従業員への思いがある。

縁あって、東海バネの先代に見込まれて、突然、落下傘の形で次期社長のお鉢が回ってきた。出社後、作業服を与えられて、職人たちが着替える更衣室・ロッカーを見たときに「この作業服をここで着替えて『さあ、今日はやるぞ！』という気になるかなと思って、こういうところの環境を整えないと、自分の仕事に対する自信や誇りは持てないなと。いつか、この現場で苦労している人たちの環境を整えてあげなければいけないと思い、それが豊岡工場になり、新オフィスにつながっていった。そういう〝人を大切にする〟というメッセージが、彼らにも伝わるんじゃないかな」と、地道な取り組みを振り返る。

新オフィスの効果

新オフィスに移ってからの大きな変化について、そこで働く社員自らが、それ以前の古いビルと比較して「汚したくないオフィスになる」という言葉にしている。ビルがきれいで、周りがきれいだと、汚せば、逆にそこだけが目立つ。

渡辺社長も「おかげで、特に女性社員はそれまでの行き帰りのファッションより、おしゃれになってます」と、意外な効果を明かす。

それは汚い職場環境にあっては「どこの町工場も似たようなものだから」と、自ら置かれた環境にキチンと向き合わないという形で思考停止にすることの裏返しである。

そうした形で、会社にとって思いどおりの、つまりは都合のいい社員をつくっていく。それが多くの企業の現実。作業服は、その象徴である。

だからこそ、東海バネでは豊岡工場の新設に際して、作業服一つとっても、作業服っぽいイメージから脱している。そのデザインは一定だが、色選びは自分でできる。それも「おしゃれ心を少しでも持てるような作業服にしてあげたい」という渡辺社長の思いを反映したものである。

新オフィスでのフリーアドレスその他の導入は、最終的には社長の判断になるが、「仕事の考え方をもう一回考え直してみないか、仕事を、いままではこうしてああしてと、当たり前にやってきた。それって、本当に正しいのかな、もっと考えようや」と、仕事そのものの意味と、それに向き合う姿勢、仕事のやり方を変えてみないかという呼びかけとなる。

具体的な作業としては「どこかのお偉いさんのように『こうするんだぜ』なんて命令や号令をかけずに『もう少し、こう考えてみないか』という形で呼びかけをする。それを社員に考えさせる。そうする中から、いろんなアイデアが出てきた、その一つがフリーアドレス制で、私はフリーアドレスにしろなんてひと言も言っていない」と解説する。

「実際にモノをつくっている人たちを抱えている企業というのは、私たち経営者は絵にかいた餅を描くだけ。それを実際に売る餅（製品）にしてくれるのは彼らだし、現場でバネをつくっている職人なんです」

という渡辺社長にとっては、彼らの環境・処遇を良くすることなど、当たり前のこと。製造、利益の根源なのだから、いわば責任以前のことである。しかし、それが当たり前ではなかったところに、日本の製造業・バネ業界の苦境そして東海バネの躍進があるわけである。

それを一般的にはイノベーションという片仮名にしたり、革新という言葉にするのに対して、渡辺社長は「そんな大げさなことではなくて、小さな過去最高の積み重ねや。毎日の小さな非日常の積み重ねがある日突然、日本を代表する大企業の不祥事や失墜劇ではないが、小さな変化が飛んでもない変化になってしまっていることの裏返しで、少しずつ昨日じゃない今日、今日じゃない明日を続けていけば、その積み重ねがずいぶん大きな革新になったねと、そんなもんやと思う」と、安易にイノベーションという言葉にする風潮を横目に、東海バネならではの道を探っていく。

計画倒れに終わらないように、やれる範囲のことを少しずつ積み重ねていく。その繰り返しが、大きな革新になる。その一環としてのフリーアドレス制というわけである。

そうした東海バネの在り方、経営者の思想は多くの企業経営者に煎じて飲ませてあげたいと思う。だが、なぜかそうはならない。

本当の顧客満足とは?

人気の東海バネには、その成功に学ぼうと、いまも年五〇〇〇人を超える見学者が、工場を見学し、渡辺社長の話を聞きにくる。二〇一五年には五六〇〇人の見学者があった。その大半は零細企業・中小企業の経営者である。「何んだか東海バネ、うまくやっているらしいね」「手作りで増収増益を続けている」というので、何かヒントを掴みたいとやってくる。

その彼らは、お客さんから「安くしろ、早くしろ」と言われ、円高になれば「わかっているだろうな」と、対応を迫られる形で、そのしわ寄せが来る。円安になって「いよいよデフレ脱却か、少しはおこぼれに預かれるかな」と思ったら、とんでもない。多くのコストアップ要因が重なり、結局、いつもコストダウン、コストダウンだと言われてフーフーしている。

それこそ、三〇数年前の渡辺社長の悩みそのものである。

渡辺社長はヨーロッパ研修でドイツのバネ屋から言われたように、いまは彼らを前にして「いい値で買うてもらっているバネ屋です」と語る。あるいは従業員九〇名足らずのバネ屋が「顧客満足クソ食らえです」と言うのだから、聞くほうは仰天する。

もちろん、東海バネがユーザーのことを考えていないわけではない。社会や顧客あってのビジネスに変わりはない。

ただ、コストを犠牲に、社員の生活や人生、さらには取引先を苦しめ、無視した結果の儲けや顧客満足には価値がないということである。至極、当たり前の主張だが、目先の問題に汲々としていては、なかなか見えてこない。「そうは言っても」という形で「次があるから」と、やんわりと否定されて「わかっちゃいるけど」と、自らを納得させる。

渡辺社長の言葉はいわば宇宙に通じる発想のため、それを理解し受け入れるためには、「意識改革」が必要になる。

社長になって三二年が過ぎて、工場見学に来る人たちに「どうすればいいか」と問われて、いつも答えることは「給料を上げたら会社は良くなる」ということだ。返ってくるのは「そんなことはわかっている。できるんだったら、とっくにやっている」。そして「上げられるようになったら、真先に上げたい」と。

だが、無理と無茶とはちがう。渡辺社長は無理を承知で、こう答える。

「無茶したらあきませんよ。無理してでも上げて下さい。三〇〇〇円給料上げてやる。上げてもらった社員、家に帰って何と言うか。『お母ちゃん、社長が三〇〇〇円給料上げてくれたわ』『いやー、うれしい。お隣さんみんな下がる一方なのに』と、お母ちゃん喜びますわ。三〇〇〇円が五〇〇〇円、一万円の価値がある。上げられるようになって、三〇〇〇円上げても『あら、よそはもっと上げてくれているのに、たった三〇〇〇円！』ということになる」

最近は労働力不足で、すでに三〇〇〇円ではソッポを向かれそうだが、三〇〇〇円は例え話。大事なのは、本物の志である。

工場のある豊岡市が若年労働者の減少で頭を痛めているというので、東海バネでは少しでも地域に貢献できればとの思いから、まずは社員が結婚しやすいように、結婚手当として一〇〇万円出すことにした。さらに、子どもができたら、第一子には一〇万円、第二子には二〇万円、第三子には五〇万円、第四子は一〇〇万円の祝い金が出る。

その話も見学者にするという。「へぇー、社員喜ぶでしょ」と、反応はすこぶるいい。「喜びますよ」というと「ウチもやりたいな」となる。だが、やればいいのに、なぜかやらない。「何でやりはりませんねん」という話で終わる。

結局、横並び思考で、世間並みで我慢する。その我慢が限界まできているというのに、なぜそこを突破しようとしないのか。毎年給料を上げて、増収増益を続けている東海バネというい い例があるのに、なぜやらないのか。

本当に困っていないか、あるいは　渡辺社長の言葉では「いまどき社員をこき使って儲けるんだという社長いてませんわ。みんな社員が大事だとおっしゃる。けど、それは口だけやな」ということになる。その証拠に「やれないという、いまだから無理してでも上げてやってや」という言葉に従う社長は、まずいない。

その差は大きい。何しろ、小さいながらも東海バネが「世界一」を標榜し、実際にそう呼ばれる以上は「社員を大切に」というその先に、社員のみならずお客さん、引いては世界中のすべての人たちが幸せになってほしいという経営者としての使命感、本物の経営を貫く姿勢があってのものだからである。

注目のベンチャー 6

高齢者人材派遣と障害者支援ビジネスを展開する株式会社「ユメニティ」

上田研二社長／東京都中央区

「人は働くほど元気になる」

人生は意外なことばかり。「一寸先は闇」とは、政治の世界ばかりとは限らない。

少子高齢化が問題になる世の中、障害者施設や介護施設での元職員による殺人事件や虐待、ヘイトスピーチに似た印象の「透析患者は殺せ」といったフリーアナウンサーの発言など、世の中は殺伐としている。

社会的弱者にやさしい支援やバリアフリー化が広がる一方、いわゆる二四時間テレビの障害者支援に関して、NHKのEテレが独りよがりな「感動ポルノ」と表現して話題になるなど、異質なものや弱い者叩きが日常化する風潮もある。

世界に先駆けて猛烈なスピードで少子高齢化が進む日本で、その矛先は確実に日本の将来を左右する高齢者のあり方に向けられる。そのうち「年金泥棒」とか「生き恥をさらすな」といった罵詈雑言が飛んできそうな昨今である。

そんな状況を先取りする形で、高齢者雇用の場づくりを進めてきたのが、株式会社「高齢社」（緒方憲社長）の創業者・上田研二最高顧問である。

実際の起業の背景・ベースには、いわゆる上田語録の中にある「人は働くほど元気になる」との考え方がある。そこには労働力としての高齢者の利用ばかりではなく、その先には元気な高齢者を時代の味方にすることとの重要性が示されている。

すでに高齢者派遣ビジネスは、人手不足解消面から急成長市場となっているが、労働力となる高齢者の条件は、言うまでもなく健康・元気であることだ。仕事をすることによって、定年後も社会に貢献することができて、それが生き甲斐につながり、さらに元気になる。

〝産業廃棄物再生支援機構〞とは定年後、粗大ゴミ扱いされる高齢者に仕事を斡旋する「高齢社」の社会的使命を、上田最高顧問が端的に表現したものだが、元気になれば、労働力になるだけではない。旅行や観劇、趣味など、様々な分野における消費を喚起する。

そうした経済効果に加えて、高額な医療費や介護費用の負担が減ることから、医療費削減といった形での国家財政の改善につながっていく。

まずは、少子高齢化が進行する二一世紀の日本の現状を知るため、そして株式会社ユメニティ（上田研二社長）創業の経緯を知るため、ビジネス情報誌『エルネオス』の「ベンチャー発掘！」

（二〇一六年一一月〜一二月号）を再録する。

＊　　　＊

高齢者ビジネス

二一世紀の日本は、アベノミクスや地方創生の目玉だからではなく、労働力としての高齢者雇用が不可欠でもある。そんな状況を先取りする形で、高齢者雇用の場づくりを進めてきたのが、二〇〇一年一月創業の株式会社「高齢社」である。

高齢社はもともとは東京ガス出身の創業者・上田研二最高顧問が、子会社・関係会社の再建を成功させた経験をもとに、引退後を見据えて「一人でも多くの高齢者に働く場と生きがいを提供したい」との理念を実現させるため立ち上げたものである。

日本の人口が毎年五〇万人前後減っていくと言われていた創業当時、彼は「これからは女・老・外・ロボットの時代だ」と、やがて来る女性・老人・外国人・ロボットの時代を見通して、いち早く高齢者の人材派遣ビジネスを成功させた人物として知られる。

「粗大ゴミ」「産業廃棄物」と企業でも家庭でも邪魔者扱いされた高齢者を、各企業に派遣して成功した理由は、労働力としての高齢者のマイナス・欠点をプラスに持っていった結果である。

例えば、高齢者の欠点は年齢から来る作業スピードが遅いこと、体力的に劣ることなど。

だが、そのマイナスを高齢社では、常に交代要員を準備しており、空きがないように二人一組という体制でカバーしている。その結果、より品質の高い労働力を安価に利用できる体制を整えている。しかも、一般の労働者とはちがって「毎日が日曜日」の彼らは休日割増しなしで、突発的な業務に対応できるなどの他、現役の労働者に劣るマイナス面を、豊富な経験ややる気でカバーできる。好きで働いているため、真面目に仕事に取り組むことにより周囲に対する刺激にもなり、高齢者並びに高齢社に対する評価は高くなる。

そうした高齢者ビジネスの成功の理由、成長の原動力は、突き詰めれば社員のおかげとの結論になる。事実、黒字が出たら、必ず経常利益の一部を社員に還元するため、社員のやる気も出る他、会社への忠誠心も強まり、その前提となるユーザーや取引先への感謝につながる。そうしたすべてが、上田社長が唱える「好循環経営」につながっていく。

もちろん「自分の器、身の丈にあった」というのが前提だが、理想の経営者として、立派に後継者も育て、二〇一〇年には高齢社の会長に退いた。会長になっても、まだまだやるべきことは少なくない。高齢者雇用のビジネスモデルを全国に展開する他、新たな高齢者ビジネスの提供など、取り組むべき課題は山積している。

だが、会長になってわかったことは、つい口を挟みたくなる。結果、どうしても二頭体制になってしまうということである。

「どうも、長くやってはいけないと思って、取締役を外して最高顧問になったんですが、これは私の性格に合わない。そこで自分の会社を起こしてでも社長をやるしかない」と、高齢社は後進に任せて、自分は社長業を続けるとの新たな決意の下に「ユメニティ」（上田研二社長）に専念することになったわけである。

その上田研二社長は二つの顔を持つ。一つは高齢者ビジネスを成功させた経営者と、もう一つはパーキンソン病に負けずに現役を続ける高齢の経営者である。

ユメニティが住まいのリフォームと「プロシニア」（プロフェッショナル×シニア）の人材派遣とともに障害者支援事業（ゆめキッズ）を事業の三本柱にしているのも、上田社長の病気のためである。

スーパー高齢者

いわゆるパーキンソン病は中脳の黒質と大脳の線条体の異常から脳の神経伝達物質であるドーパミンの量が減って、様々な運動障害が起こる。そのため上田社長はドーパミンを増やす薬を一日九回ほど飲んでいる。病気の原因は解明されていないが、本人は「頭がいい人がなるらしい」という説を冗談がてらに思っている。確かにモノは考えようである。

難病を抱えながら、今も地下鉄通勤を続ける上田社長の姿は、見ているほうがハラハラするが、いいこともある。

「私がごあいさつに行きたいと言えば、私の体が悪いことを知っているため、先方から来てくれる」「美人の手を掴めば、普通はセクハラになるが、逆に優しくしてもらえる」と楽しそうに語る。

難病を抱えながら「九〇歳まで働く」という高齢者の理想を掲げ、率先して第一線で活躍するスーパー高齢者・スーパー難病患者の彼のもとには、その秘密を知ろうと、毎月、何組かのパーキンソン病患者が訪れる。

医者でもない彼が、パーキンソン病患者を前にして「パーキンソン病はガンなどと違って、直接死に至る病いではない。今は病気の進行を抑える薬もできている。一年半後にはいい薬が出てくる。生活習慣をいままで通り変えずに、現役で頑張りましょう」と、勇気づける。パーキンソン病の症状としては、よっぽど上田社長のほうが重いのだが、はるかに軽症の彼らが逆に励まされて帰っていくという。

二〇一二年四月、テレビ東京の「カンブリア宮殿」に出演した際、ホストの村上龍氏から彼の経営者としてのあり方は、あらゆる業種・業態の規範となりうることから「輝ける規範」の一言を贈られている。その仕事に、あるいは病気に向き合う姿を見ていると、人間の生き方について、改めて考えさせられる。そのあり方は、高齢者の生き方、人生の道を説く伝道師のようでもある。

高齢者も自ら武装するしかない、今の時代に高齢者に必要なものとは何かを考える時、よく言われるのが、教養と教育ならぬ「キョウヨウ」と「キョウイク」。世の中ばかりか家庭でも爪弾きされ居所がない高齢者にとっては「今日いくところがある（教育）」「今日用がある（教養）」というのが、健康に欠かせぬ要素であり、生きがいにつながる。家族からも喜ばれて、すべてが丸く治まるというわけである。

だが、キョウイクとキョウヨウは、実は高齢者ばかりではなく、障害者、さらには学生・社会人一般に必要とされている。自分が世の中から必要とされ、誰かの役に立つ。そうした場があってこそ、自分を生かすことができる。そうやって世の中は成り立っている。

ユメニティではその人のプロの部分を生かす「プロシニア」の派遣や、障害をマイナスではなく新たな価値ととらえる「バリアバリュー」の活用を推進することによって、生きがいも生まれ、社会貢献にもなるという「好循環経営」を理想としている。

上田社長のサラリーマン人生自体が、もともとは人生＝生き方の下手な社員の典型であり、自ら「ダメ社員だった」という。その彼が優れた上司に出会うことで、人生の転機を迎えて、やがてマネージャーになり、経営者になり、いつの間にか人生＝生き方の先生役になっている。その歩みはベースとなる夢と表裏一体の苦悩を力に変えるチャレンジ精神の賜物である。

人本主義

ユメニティの創業は二〇〇二年六月、もともとは高齢社で六〇歳以上の人材を派遣しているうちに、営業先から「若い人材を探してほしい」と言われたことから。そこで適当な人材を探して派遣することになるのだが、高齢社の新規採用者の六〇歳以上七五歳未満という規定に反することになり、結果的に世の中に嘘をつくことになる。そこで六〇歳未満の人材を扱う事業を別会社にして、ユメニティを設立したわけである。

もう一つの理由となったのが、二〇〇〇年に東京ガス子会社のガスター（給湯器メーカー）と大手給湯器メーカーが提携して、新しい販売会社をつくった。そこにガスターから一〇〇人ほどが移っていったのだが、企業文化のちがいから、やがてどうしても辞めたいと言って、上田社長を頼ってきた数十名を引き受ける、その受け皿となったことだ。そのため当初のユメニティの大きな事業の柱は、給湯器設備に関連するリフォーム事業だったわけである。

「ユメニティ」の社名は、もともとは給湯器の商品名だった「ユメックス」のユメとアメニティ（快適さ）をつなげた造語。夢と快適さからなる社名の通り、経営スタイルは「人本主義」で貫かれている。

人本主義は経営学者・伊丹敬之氏が一九八〇年代から唱えていたもので、現在なお主流の米国スタイルの株主・資本第一主義の対極をなすものとして、高齢社およびユメニティの基本的な経営理念となっている。要するに「人にやさしい、社員第一主義」を正しいと信じて、理想の会社をつくってきた。

「人は財産・人は宝」である。良くある標語を突き詰めていくと、本当に社員を第一に考えるということは、当たり前だが、いい会社である必要がある。いい会社であるためには取引先にも愛されて、ユーザーにも歓迎されて、社会から認められる必要がある。それでこそ、会社に誇りを持てて、仕事に生き甲斐を感じることができる。

いい会社は社員を第一に考えても、結果、社会を第一に考えないと成り立たなくなるという意味では、すべてに良くなくては実現しない。人本主義の原点・原理原則である。

その意味では資本主義も共産主義も、本来は人が行うシステムのため、悪人が用いれば搾取のサイクルに利用され、善人が用いれば平等で理想的な体制が実現する。すべて人が本となるとの思想がベースにある。

人本主義経営を基本として、様々な上田語録同様、企業社会・人間社会に対するメッセージとして、彼はあらゆる機会を通じて「好循環サイクル」をわかりやすいヒントとして取り上げる。

そこでは、いくら会社が大きくなり、世界に知られる存在になったとしても、リストラなどはあり得ない。現に、上田社長の経営の原点は「リストラせず」という考え方の中に見て取れる。

反リストラ主義

上田社長は一九三八年三月、愛媛県八幡浜市に生まれた。父親は地元紡績工場の工場長をやっていて、幼少時は比較的裕福な家庭に育った。だが、戦争が始まり、本土を空襲が襲う戦時統制経済下、自分たちさえ売るものがない時代に、父親が親戚を助けようと、商品の横流しをした。良かれと思い、また生きるため誰もがやっていることだったが、それが法に触れ、罪に問われた。そのときの親のちょっとした行為を反省材料に、彼はどんなに苦しくとも曲がった生き方はしないと誓って、苦難の道を生きてきた。

人生から経営その他、上田語録は多いが、座右の銘は、

「いかなる苦難にも負けず
苦難を友とし
苦難を我が師とする」

というもの。多くの人生の局面において、自らを鼓舞してきた言葉通りの生き方を今も続けている。

しかも、父親の苦労は勤め先の廃業やリストラの結果でもあり、その影響は家族である子どもたちの運命をも左右する。彼もまた、中学時代には新聞配達、キャンデー売りその他、自ら働いて家計を助けた。結果、成績優秀でも地元の高校卒業後、進学せず、東京ガスに就職。その後、

通った大学も中退するといった苦難の日々を送った。

上田社長にとってリストラは、企業の悪の一つの象徴であり、その意味では筋金入りの反リストラ主義なのである。

小規模ながら理想の会社をつくって、彼はいまが人生で一番働いており、人生で一番輝いているという。

高齢者活躍支援協議会

高齢社を後進に任せて、自らはユメニティ社長として生涯現役を続ける。

二〇〇九年は一般社団法人「高齢者活躍支援協議会」（高活協）を設立。自ら理事長として、高齢者のためのセミナーや起業塾などの活動支援を続けている。

高活協は「一人でも多くの高齢者（障害者）に働く場と生き甲斐を提供しよう」というもの。高齢者の多くは、やがて介護を受け、車椅子のお世話になる障害者予備軍でもある。事務局もユメニティ内にある。

上田社長の右腕となってきた事務局長の水野嘉女理事は「継続するのは大変でした。でも一〇年近く、よく頑張ったと思います」と、感慨深げに振り返る。

高活協が提案する「高活ビズ」は、定年を迎えた高齢者がこれまでの経験や知識を活かして自分の身の丈にあった会社や団体を起業し活躍できるビジネスのこと。具体的には、微細を意味するナノレベル＋コーポレーション＝「ナノ・コーポ」の起業を提案。高齢者の「ミニ企業」づくりを、サポートする取り組みを行っている。

高活協の主な活動の一つは、年に一回の公開シンポジウムの開催。もう一つが、年に二〜三回、「高活ビズ起業塾」といったセミナーを行っている。

ナノ・コーポをコーポレーション（会社）と難しく考えがちだが、起業塾では社員が一人か二人の小さな会社で「雇われない働き方」を提案する。まずは自分のできること、やりたいことを、相手の望む形でビジネスにしていく。例えば、愛犬のお散歩代行から出張美容・着付けサービス、マッサージその他、ナノレベルの仕事は案外身近なアイデア次第の取り組みでもある。

二〇一六年一〇月には高活協とシニアセカンドキャリア推進協会との共催による第七回目のシンポジウムが「６５歳以上をどう生きるか！　どう働くか！」をテーマに、東京の内幸町ホールで開催された。

「労働政策研究・研修機構」の濱口桂一郎主関統括研究員による基調講演は「変わる中高年の雇用環境」をテーマに、日本型の雇用システムと高齢者雇用の問題点を指摘。その後のパネルディスカッションでは岡本憲之・高活協副理事長をコーディネーターに「高齢社」の幸山明雄相談役、「高年者６０」の小松剛之社長、イーナレッジの金森道郎会長が、高齢者の就業実態と、さらなる活用とともに改善点などが話し合われた。

今後も、高齢者派遣ビジネスの最先端を行く高齢社の役割と期待は大きいが、高齢社だけでは、現在の高齢者ビジネスのニーズには、とても対応できない。そこから、ユメニティ独自の高齢社とは異なる形での高齢者（障害者）ビジネスの在り方、役割が生まれてくる。

映画『マリアのへそ』

「高齢社」の現在の売上高は約五億円。同社営業推進部の吉田正部長が「創業者である上田研二最高顧問の後を引き継いでやってますので、まあ順調に来ています。出身の東京ガスOB以外に登録されている契約社員の方の割合が約四割なので、今後はそちらのほうにも手を広げていければ」というように、まだまだ営業の余地は大きい。

その高齢社が語られる時、必ず紹介されるエピソードが「四時からビール」という話。もちろん、自分たちだけで飲んではいけない、飲めない人に無理強いしないなどのルールがあってのサービスだが、楽しそうでほのぼのとしたイメージがあって、思わず訪ねて行きたくなる。

そんな上田社長らしい会社を象徴するサービスは、会社を訪れるお客さま、契約社員の人たちに喜んでもらおうと始めたものだが、現在は行われていない。

「人が来てくれなくなると、その会社はダメになる」という上田社長が始めた人が集まりやすいオフィスづくりは「会社でビールなんか飲むものではない」という、極めて常識的な意見が支配する今日の企業社会では、お酒好きの上田社長時代を象徴するエピソードとして語り継がれているだけである。

その伝統は今はユメニティに引き継がれていて、同社の冷蔵庫には缶ビールとおつまみが入っている。もちろん、パーキンソン病の彼も飲む。趣味のマージャンとお酒は、ペースは落ちたが、いまも上田社長の元気の素なのである。

スーパー高齢者の彼には、自ら難病＝障害を持つ社会的弱者として同じ境遇の者たちへ向ける視野の広さ、心の余裕がある。そんな一つが、映画『マリアのへそ』である。「将来はフィリピンなど外国人看護士やヘルパーさんのお世話になるかもしれない」と考えるようになったころ、出会ったのが映画監督の野沢和之氏である。テレビ東京のドキュメント「定年なんか怖くない」に高齢社が取り上げられた時のこと。

ドキュメント完成後のパーティで、野沢監督からフィリピンのストリートチルドレンの暮らしを追ったドキュメント映画を撮りたいという夢を聞いた彼は、後先を考えずに「二五〇〇万円かかる」という制作費の半分を「私が出します」と口にしていた。退職金その他を使えば、何とかなるはずだと考えたのだが、帰宅して家族に話したところ「何をバカなことを言っているの」と相手にされなかったと苦笑する。

厳しい現実を知らされた上田社長だが、自ら用意した四〇〇万円を元に寄付を募って、合計一四〇〇万円を集めた。立派に約束を果たした彼は映画『マリアのへそ』のエンドロールに、プロデューサーとして名前が出てくる。

「映画の売上げを全世界に一億人といわれるストリートチルドレンに寄付しようと思ったんです。ところがどっこい。良くできていても、映画は面白くないと人が見に来てくれない」と、残念がる。

その反省もあり、次に制作した本『株式会社・高齢社』は版を重ねて、売上げの一部を寄付するなど、今も支援を続けている。

「あらゆる苦難に負けず、苦難を友とし、苦難を我が師」としてきた彼にとって、高齢社と並ぶもう一つの仕事が、ユメニティ社長として障害者の働ける場と生き甲斐を持てる場の提供ということになる。

バリアバリュー

ユメニティの現在の事業内容は、大きく三つに分かれる。

一つが「住まいのリフォーム」で「より快適な暮らし」のために、シニアリフォームなど、あらゆる住まいのお困りごとの解消を謳っている。もともとは、ガス給湯器設備の設置、点検修理からスタート。キッチン・バスルームなどの水回り、リビング、居室まで住宅全般のリフォームを扱っている。

二つ目が現在の主力となっている「人材派遣・有料職業紹介」。気力・知力・体力に優れたプロシニア人材を提供。「プロシニア」とはプロフェッショナルとシニアからなる造語で、いわば専門性×豊富な経験＝熟練の高齢者を意味する。

三つ目が「障害者支援事業」である。高齢者同様、障害者が経済的に自立できるように支援するとともに企業の障害者雇用の促進を促す。具体的な取り組みとしては「放課後等デイサービス」をスタート。「ゆめキッズ」という形で、六歳から一五歳（小中学生）を対象に一〇年二〇年後を想定しながら、子どもたちの成長・自立を支援している。

高齢者並びに障害者に共通する基本的な考え方として、ユメニティの四分一武常務は「バリアフリーという言葉があるように、障害はマイナスという受け止め方がされていて障害＝弱者だから、そのマイナスのものを取り除いていく、シニアにしても体力的に衰えているので、バリアフリーにというイメージになっている。そのイメージを、もう一歩進めて、つまり障害も歳を取っていることもマイナスという受け止め方から、だからこそ価値があるのではないかと、発想の転換を試みたわけです」と強調する。

事実、目の見えない人というのは、視力を失っている分、それを補う手の感覚が優れている。

そこから、例えば百貨店で売られるタオル一つとっても、製品開発や販売の現場では、生地の触り心地の最終チェックは目の見えない人たちがやっている。彼らはハンデがあるからこそ、普通の人ではわからないような感性がある。そこでは障害がある、そのマイナスを価値に変えられる、そういう思いから「バリアバリュー」という言葉にしたのだという。

シニアも同様で、そこに価値があると考えれば、豊富な経験を、その人のプロフェッショナルな部分と捉えて、主婦や老人の仕事の延長でしかない清掃の仕事が、実は日本の新幹線の清掃部隊になって、世界の脚光を浴びる。高齢社には主婦の仕事（家事）を売り物にした派遣サービス「かじワン」があるぐらいで、様々な分野にプロの価値がある、それを「プロシニア」という言葉にしているわけである。

しかも、シニアのイメージは、一般的には定年後のイメージだが、ユメニティでは六〇歳以上を対象とする高齢社に対して、いわばジュニアの反対語として、特に年齢制限をつけずに、幅広いシニアの捉え方をしている。女性であれば子育てが一段落した四〇代の主婦も、あえてシニアという捉え方をすることにより、プロシニアとして仕事につくことができる。

あるいは、東京ガスOBを中心に派遣ビジネスを展開してきた高齢社とは、一線を画する、または相乗効果が得られるような競合分野での展開が可能となる。そこでは、現場のブルーワーカー的な仕事と役員クラスの中間層であるホワイトカラー（中間管理職）の人たちが活躍できる場を提供していく必要がある。

「今後伸ばしていきたいのは、プロシニアの派遣と障害者の支援です。障害者に関しては、発達障害児向けのサービス・ゆめキッズ事業からスタートしてますが、これを徐々に広げていって、障害を持った人でも仕事につくことができて、生き甲斐を持って生活できるような支援につなげていきたい」と、四分一常務がその将来を代弁する。

馬鹿な大将敵より恐い

出身の東京ガス時代、その後の子会社・関係会社二社の再建を通じて、いかにリーダーの役割が大きいかを痛感した上田社長は「馬鹿な大将敵より恐い」という「上田語録」を代表する教訓を得ている。

彼が語る理想の会社の条件として掲げる「好循環経営」は「高収益→高処遇→高質労働→高販売」いうサイクルによって実現する。理想を掲げる以上、当然、自らの引き際はわきまえている。

その上で、なお生涯現役を掲げ「九〇歳まで働く」と語る上田社長には、まだまだやりたいこと、やらなければならないことがある。その一つが、高齢社の成功モデルを全国各地に広めていくという構想である。

「全国展開に必要な経営ノウハウは全部提供するつもりで、考えていたんですが、人間六〇歳を過ぎると、やはり億劫になる」と、なかなか進まない現状を吐露する。

高活協には業界別の高齢社、また地方への高齢社モデルの普及のためという使命もある。二〇一六年のシンポジウムには「高年社60」の社長がパネラーとして参加。同社は静岡地域を中心に働きたいシニアに職業を紹介、各企業に派遣している。

高年社60は六〇歳以上の高齢者を集めた、いわば高齢社の静岡版である。「高齢社」の社名がつかないのも、いまだ高齢者ビジネスを全国に展開するだけの体制ができていないためでもある。

高齢者ビジネスが盛んになる中、高齢者が働く上での課題と障害は少なくない。各種労働法規が実態とかけ離れていることもあり、その意味では業界の成熟と将来に期待するしかない。

*　　*

パーキンソン病

高齢社並びに上田最高顧問については、ずいぶん前に新潟大学地域連携センター・松原幸夫教授（現・九州大学教授）から、そのユニークな経営ぶりを聞いていた。取材対象としてではなくとも、高齢社・上田最高顧問の人生並びに人本主義などの経営論は、非常に興味深い。

実際に会ったのは二〇一六年七月、松原教授がコーディネーターとなっていた新潟大学の地域連携フォーラム「高齢者に働く場所と生きがいを！」のイベントである。上田最高顧問の人となりを知り、その後、パーキンソン病のことが気になって「ユメニティ」を訪ねていった。

松原教授から紹介された手前、私なりのメッセージを届けたいとの思いもあったが、実際にレポートするには、高齢社はテレビでも紹介され、本も出ている。改めて取り上げても、ただの二番煎じになってしまいそうである。

そんな事情もあって「ベンチャー発掘！」では、高齢社ではなく「ユメニティ」をクローズアップしている。

結果、意外にも高齢社についての記事や紹介はたくさんあるが、これまでユメニティを取り上げたメディアはない。私の連載が記念すべきメディアデビュー作となった、そんな思い出深い取材である。

一病息災が長生きの秘訣とも言われるが、一病というにはパーキンソン病は扱いにくい難病である。雑誌掲載後も、転倒して周囲を心配させている。高齢者にとって、転倒は寝たきりや車椅子の第一歩となる。骨折しなかったのが、せめてもの幸いである。

だが、いまも自分で地下鉄にも乗り、テンポは遅くなるが、できるだけ健常者と同じ日常を維持する。それが、上田社長の元気の素でもある。

それは健常者でも真っ直ぐ、正直には歩きにくい障害物だらけの企業社会でスーパー正直な道を貫く上田社長の経営と生き方を象徴する姿のようにも思える。

高齢社最高顧問並びに高活協理事長の傍ら、ユメニティ社長として率先して営業並びに広報・宣伝の最前線に立ち業界の発展のために、今も忙しい日々を送る。

「九〇歳まで働く」という上田社長にとって、まだまだ九〇歳は遠い。

第3章　日本は課題先進国である
■■アベノミクス・地方創生の成功モデルを目指す■■

注目のベンチャー 7

航空機産業の一大拠点づくりを進める「ニイガタスカイプロジェクト」

宮崎博人リーダー／新潟市

プロデューサーの力

3・11東日本大震災時の対応に象徴される日本人の生きる知恵や人としての美徳は、世界の模範たるに相応しいものがある。一方では内部からの変革が難しい地方特有のしがらみといった保守性がある。

そんな中、辺境の地に産業を起こして成功している事例や火の消えた商店街に活気がもどって、全国で話題になっている事例など、いくつもの成功モデルがある。

地域を大きく変えるケースに共通するのは、明確なビジョンを持つ、強力なリーダーがいて、夢＝理想を現実化していくエネルギーに満ちていること。そうした現場ではよく、冗談めかして「ヨソ者、若者、バカ者」が活躍していると言われる。

外国人や若者そしてバカ者が、その町や村の魅力を知って、地域起こしの原動力になるからだが、特にそこに共通するバカ者の活躍は、当初はほとんど無謀にしか見えないことに我武者羅に立ち向かう姿勢からくる。

日本の企業社会も似たようなものだが、その三者に共通する要素こそが日本社会に存在する厚い壁、出る杭は打たれるといった現実を乗り越える力になると同時に、行政や地域にある古いしがらみや面倒な手続きを突破する原動力となる。

そうした企業社会以上に、ていねい・慎重・完璧を求めるあまり、何事にも時間がかかり、思い切った決断ができないと言われるのがお役所仕事である。そこには「ヨソ者、若者、バカ者」の入り込む余地はないが、実はもっとも必要とされているのが、そうした三要素であり、特に重要となるのが、明確なビジョンに向かって、あらゆるものを力にして推進するプロデューサーの存在である。

だが、どこにも例外はある。地方創生の現場で、行政では珍しいプロジェクトとして注目されているのが、新潟市の企業立地課・宮崎博人室長がリーダー役となって、すでに九年の実績を持つ「ニイガタスカイプロジェクト」である。

まずは、ビジネス情報誌『エルネオス』の「ベンチャー発掘！」（二〇一四年一二月〜二〇一五年一月号）を再録する。

＊　　　＊

「空の野蛮化」

再び世界の戦争の危機が語られる中、第一次世界大戦後一〇〇周年の二〇一四年は、女性で最初のノーベル平和賞受賞者であり、世界的ベストセラー小説「武器を捨てよ」の著者ベルタ・フォン・ズットナーの没後一〇〇周年でもある。故国オーストリアの2ユーロコインに肖像が刻まれており、「平和運動の母」として知られる。

空爆による人類の破滅の危機を警告する論文「空の野蛮化」を発表するなど、アルフレッド・ノーベルの秘書として、ノーベル平和賞をつくるのに尽力した彼女の平和へのメッセージも虚しく、その死のわずか数週間後、第一次世界大戦が勃発し、世界は戦争の時代へと突入していった。

一〇〇年後の今日、カーネギー財団が発注したズッドナーの銅像がオランダ・ハーグの「平和宮」に飾られている。その二体目の銅像が、オランダから日本にやってきた。銅像は平和活動を行ってきた日本の事業家が発注したもので、銅像の作者イングリッド・ロレマ女史とともに来日している。

ノーベル平和賞もズットナー像の作製も、理想の実現に賭けたリーダーがいたからこそ語り継がれ、また実現する。それは現在の日本の課題であるアベノミクスも地方創生も変わりはない。いかにリーダーの存在が重要かということの証である。

「空の野蛮化」が続く時代に航空機産業は、「平和憲法」を持つ日本では、軍事的な制約があり、技術開発面でのハンデもある。そうした平和利用に限られるという宿命を負う「空」の市場における日本独自の取り組みとして注目されているのが、「ニイガタスカイプロジェクト」(宮崎博人リーダー)である。

宮崎博人リーダーの現在の新潟市役所における肩書は「新潟市経済部企業立地課・航空産業立地推進室室長」というもの。産・官・学が協力して「新潟市を航空機産業の一大拠点にしよう」と、二〇〇八年から取り組んできた。

二〇一三年七月には「地域イノベーション戦略推進地域(文部科学省・経済産業省)」として「ニイガタスカイプロジェクト」が選定されている。「親方日の丸」同様、一般には「目立つことはしない」「前例を重視する」というのが、お役所仕事である。そんな中で、真の地方創生のためとはいえ、新たに航空機産業に市がリーダーシップを取ってチャレンジすることなど、およそ考えられない。

だが、航空機部品製造のための工場を用意して、すでに小型ジェット用「新潟エンジン4号」を開発し、無人輸送航空機「カーゴＵＡＳ」の試作機を発表するなど、お役所仕事とはかけ離れた市の取り組みは、まさにベンチャーそのものである。

多くの反発も予想される中、これだけの実績を積んで来られたのも、トップである篠田昭市長など関係各方面の理解があってのことだろう。二〇一四年に四選を果たした市長は、もともと行政・市議会出身ではなく、地元紙「新潟日報」の出身であり、市民派として登場した発想の柔軟性がある。

シンポジウムｉｎ新潟

二〇一四年九月五日、平成二十六年度「新産業集積創出基盤構築支援事業」と銘打った「広域関東圏航空機産業シンポジウムｉｎ新潟」（主催・経済産業省関東経済産業局、共催・新潟経済同友会）が、新潟市のコンベンションセンター「朱鷺メッセ」で行われた。

篠田市長も来賓を代表してあいさつに立った同シンポジウムは、二〇〇名定員のところ、二二四名の来場者があった。かなり専門的なテーマであり、一般市民、特に主婦層に受ける内容ではない。参加者は県内の関連企業、県外でも関心の高い自治体、企業関係者が中心とはいえ、行政のイベントしてはかなり注目度が高いことがわかる。

三菱航空機（名古屋市）の国産小型ジェット旅客機「ＭＲＪ」、ホンダの小型ジェットの開発の他、アマゾンの無人飛行機がニュースになる中、日本でも急速に航空機産業に対する関心の高まりも背景にある。

第一部の「広域関東圏航空機産業クラスター形成支援事業」の先進事例として、宮崎リーダーが航空産業クラスターの取組状況を説明。「世界の航空旅客輸送量は二〇年後、今の二・六倍になると予想されている。新たな市場での飛行機や部品の需要増に、新潟が対応できる体制を築きたい」と語っている。

その後、ベルリンエアショー出展報告、試作無人機（ＵＡＳ）の展示及び概要発表、戦略的複合共同工場の概要説明が行われて、第二部のパネルディスカッションでは「航空機産業集積の新たな方向性」をテーマに、航空機産業の専門家を交えた議論が展開された。

同シンポジウムで反響のあった一つが、関東圏で進められている航空産業振興のためのクラスター事業。その中で、中小企業がグループ化して航空機部品をつくるという「戦略的複合共同工場」である。

具体的には、市が工場と研究施設を建設。「ニイガタスカイプロジェクト」に参加する三七社の中から航空部品の受注グループが集まって、新会社をつくって工場内一貫受注生産を目指す。

これまではなかった取り組みとして、地方でも同じようなことを考え、取り組みを始めている行政関係者には「ニイガタスカイプロジェクト」がすでに動きだし、試作機まで発表していることは、かなり画期的なことというわけである。

「この複合共同工場はどういうからくりなのか、日本の航空機製造の本場の中部経済局や関西・神戸の行政関係者が訪ねてきたり、特に行政関係者からは中小企業同士が協力して共同工場をつくっているところに非常に関心を持っている」と、宮崎リーダーは反響の大きさを語る。

ドローン研究会

シンポジウムで反響があった、もう一つは同プロジェクトの大きなテーマであり、メディアでも注目されている「無人飛行機」。こちらも、かなりの問い合わせがあって、二〇一四年「日経BP社」が発足させた無人飛行機に関する「ドローン研究会」に宮崎リーダーも講師として招かれている。

ドローンと呼ばれる無人飛行機の経済効果については「空の産業革命」とも言われ、二〇二五年までに、開発の進んでいるアメリカだけで市場規模が八兆円を超えるとされる。「世界で『完全自動型マルチローター式電動ヘリコプター』（ドローン）が商品化され、セキュリティや農業、インフラ監視など様々な分野で活躍しています。米国シリコンバレーではドローン革命が叫ばれ、インターネット通信販売のアマゾン社が商品の運搬にドローンを活用する計画を進めています。また、放射能レベルが高くて人が近づけない場所の状況を把握するためや海上で船が転覆したときの初動救助に利用することも考えられます。今後、ドローンの活躍の場は、どんどん増えるでしょう。そして、ドローンを活用する企業が増えることは間違いありません」

こう「研究会発足の趣旨」には書かれている。日経BP社がドローン研究会を立ち上げるのも当然である。

アマゾンに続いて、グーグルも開発に乗り出すなど、無人飛行機はオモチャから産業用、農業用、災害用、軍事用まで形態、種類など様々なものがあり、世界的なブームとなっている。

そうした中で、日本では一歩先を行く「ニイガタスカイプロジェクト」の取り組みが、新たな産業創出の面からも注目されている。同プロジェクトで計画されている無人飛行機は、航続距離、時速がともに一〇〇キロ、貨物重量一〇〇キロという性能。高さ三メートル、幅一二メートルの翼の下に二基の小型ジェットエンジンを備え、その下に貨物収納用のボックスが装備されるという本格仕様である。

現在はリモコン操縦だが、実用化に当たっては、産業技術総合研究所の協力などを得て、リモートセンシング技術を搭載、完全自動操縦を実現する。

二〇一四年度中をメドに四分の一のモデル機を製作し研究を進めることになっている。

シンポジウムで反響の大きかった三つ目は、新潟国際空港のある新潟だが、空港が産業基盤として十分に機能しているのかという視点からの提言である。そこに行政マンとしての宮崎リーダーの将来的な構想と思いもある。

「空港というのは航空機の多様な用途と結びついているため、産業とは切り離せない。日本だけがいまだに空港というのは、飛行機が発着するところという概念から離れられない。その先を考えることができないため、産業基盤という面では十分に機能していない。空港をもっと産業のための空港として使うべきだというメッセージは、それなりに伝わったかなと思う」と、手応えのほどを語る。

わらしべ長者

宮崎リーダーは一九七〇年三月、新潟で生まれた。高校卒業後、長男のため、いずれは新潟に帰らなければならないこともあり、東京の大学を目指す。とはいえ、新潟の田舎者を自覚する彼は、首都・東京はあまりにも眩しく思えて、新潟と同じ港町である横浜にある関東学院大学・経済学部に入学する。

高校では生物が好きだったことから理系を選択したが、数学に弱いことがわかって、文系に転じたぐらいで、将来の仕事など、特に頭になかった。そんな彼が選んだゼミナールが「地域経済」。東京（横浜）の一極集中をいかに全国的に分散できるか、横浜にいながら地方活性化というテーマに、新潟の港湾、空港、新幹線を生かす街づくりを提案、特に港湾整備に興味を持って研究した。

横浜は港町といっても、新潟の港とはまったく異なる港町ヨコハマという片仮名の似合うおしゃれな町であった。そんな横浜との比較から、地元・新潟の港湾整備に自分なりに取り組みたいと考えて、就職先として選んだのが、一つが新潟市役所。もう一つが大手ゼネコン。

両方から内定をもらった彼が、どっちにするかゼミの先生に相談したところ「頭を下げるほうを選ぶか、頭を下げられるほうを選ぶか、どっちかだ」と言われて新潟市を選ぶ。

だが、企業を束ね、具体的な仕事にしていくためには頭を下げなければならないのは、市役所でも変わらない。

面接に当たって、港湾事業への熱い思いを語ったという彼だが、実際に配属されたのは、港湾空港課の空港課。港湾の仕事を横目で見ながら、彼は港湾から空港、そして航空機事業へと進路を変えて、やがて「ニイガタスカイプロジェクト」に至る。

なぜ、港湾から空港そして航空機事業へと当初の志とは異なる方向へ進むことになったのか。

実際に、港湾が県の設置管理者であるのに対して、空港は国の管轄であるため、ある意味、仕事がしやすい面もある。

さらに、一九九六年から二年間、公益財団法人・環日本海経済研究所（ＥＲＩＮＡ）に研究員として派遣された時に、北東アジアを担当、物流に必要な交通インフラとして、空とのアクセスの重要性を知ったこと、その後農業担当などを経て、二〇〇四年に商工振興課の工業担当となり、現在の「ニイガタスカイプロジェクト」の核となっている山之内製作所との接点が生まれる。

担当の産業立地だけに専念していれば、市の職員としては頭も下げずに楽だったのだろうが、新潟の技術や産業を生かした上での産業立地を考えるとなると、空港の産業基盤としての機能・コンテンツが重要になる。

「根っからの貧乏性」という彼は、わらしべ長者の観音様の御告げ通りに、それまでの人脈・情報など学んだことは、すべて生かしてやろうと思ってやっているうちに、やがて同プロジェクトが生まれ、無人飛行機まで始めることになる。

新潟の原点

地方創生を考えたとき、近代日本の幕開けとなった幕末から明治期にかけての人口日本一は実は新潟である。佐渡の金山があったこと、北前船の寄港地として栄えたことから、江戸末期の全国の観光「名所絵図」には、京都、江戸と並ぶ花街として新潟・古町芸者が描かれている。

明治期の経済面での新潟の重要性は、日本銀行の新潟支店があること、日本で四番目の銀行「第四銀行」があることでもわかる。今も「日本海拠点都市」をテーマに広がる可能性と期待される役割をメッセージしているように、港湾設備、国際空港そして上越新幹線、高速道路網など、新潟は日本海側の物流拠点である。

東京まで新幹線で一時間四〇分から二時間ちょっとで行く。新潟の一般的なイメージは雪国であり、お米とお酒、近海の魚がおいしいというものだろう。事実、おいしいものが豊富で食うに困らない。だが「いままではそれで良かったとしても、これからはそうも言っていられない」と宮崎博人リーダーは行政マンとしての危機感を訴える。

かつて情緒豊かな掘割と柳のある料亭文化が栄えた柳都・新潟の面影は、高度成長期に掘割が埋められたため、現在は絶滅の危機に瀕している。同様に、新潟が誇る空港その他インフラは主要都市にはあって当たり前の都市の機能でしかない。問題は新潟の良さを地域のため、日本のためにいかに生かしていくかである。

宮崎リーダー自身、東京に出かけていっては「日本海拠点都市・新潟」と銘打った市の取り組みとともに、新潟の地域としての魅力をアピールするのだが、なかなか振り向いてはくれない。そんなもどかしさを感じてきたという。

東京一極集中の時代に、日本地図を逆転させて見れば、中国・ロシアへの航路を持つ新潟は日本の重要な表玄関になる。そこに新たな可能性もある。

新潟には大企業は少ないが、一方で燕三条に象徴されるような世界一の技術力を誇る中小企業が数多く存在する。それが新潟の潜在力となっている。

「ニイガタスカイプロジェクト」も航空機産業クラスターづくりという点では、後を追う立場である。それだけに、同プロジェクトの成功により「一歩先をゆく彼らを見返してやりたい」と、熱く語る宮崎リーダーのエネルギーは、かつて栄えた〝新潟の原点〟を背景にした郷土愛である。それが地域起こしになり、地方創生の先駆けになる。

東京ビックサイト

ニイガタプロジェクトの歩みは、もともと新潟の港湾を生かした街づくりを手がけたいと考えて市役所に入った宮崎リーダーが港湾空港課に配属された後、環日本海経済研究所を経て、物流の重要性を意識するとともに、近隣アジアとの関係から「空のアクセスがこれからは重要になる」ことが自ずと認識されていったことによる。

一つの転機は商工振興課の工業担当として企業立地に携わる中で、横浜に本社のある山之内製作所（山内慶次郎社長）との出会いである。京浜地区企業の協力工場として加工を行ってきた同社は、先代社長が新潟出身であることから一九七二年に田上町に新潟工場を建設。やがて世界一の精密部品加工企業を目指して、二〇〇六年に国際品質規格（ＪＩＳＱ９１００）認証を取得、航空機産業へと進出するに当たって、航空機部品会社の製造工場を西蒲区に誘致したのが、宮崎リーダーであった。

もう一つの流れは、課題とされてきた新潟空港活性化の議論の中から、当時の青年会議所の新潟支部長だった木山光・新潟経済同友会幹事が音頭をとる形でスタートした地元経済人と国、県、市の有志による勉強会である。いわゆる異業種交流会に、宮崎リーダーも市の担当者として参加した。

そして、本格的に航空機産業を新潟の基幹産業の一つとして位置づける上で、市が音頭を取る形で始まったのが、航空機産業への支援としてのニイガタスカイプロジェクトである。航空機に関する技術や経験が乏しい中で、地元企業や研究機関などが産学官が協力しあい、開発力を高めることで、航空機産業の一大集積地を目指そうというものである。

現在のメンバー四七社はそれぞれの技術を航空機産業に生かしたいという地元のものづくりの中小企業である。そこに市の産業振興財団や新潟大学なども参加しているが、当初は「ニイガタスカイプロジェクト」というプロジェクト名もなかった。

まずは、業界の概要を掴むための市場調査からというのが、具体的な第一歩である。

二〇〇八年から海外の「エアショー」への参加を経て、二〇一一年六月の「パリエアショー」

からは「ニイガタスカイプロジェクト」として出展。小型ジェットエンジンの開発、無人飛行機へのチャレンジが始まる。

二〇年後には現在の二・六倍と予想されている航空機産業の市場規模は、金額にすると、二五兆円から倍の五〇兆円になる。そのうち日本企業のシェアは四〜五％程度。日本政府としては、これを自動車並みの二〇％台に引き上げる考えだという。

三菱ＭＲＪ、ホンダジェットをはじめ、日本での航空機開発が進むための前提条件は、大企業を支える地方、中小企業の技術、協力体制が欠かせない。二〇年後の地域における取り組みを考えたとき、新潟市の取り組みは決して早いということはない。

何しろ自動車産業と比べて、航空機の特徴は一機当たりの価格がケタちがいである。それだけ付加価値も高い。自動車、家電などのハイテク商品の大半は、開発と価格破壊の繰り返しによる消耗の歴史である。そんな中で、航空機産業は技術面その他、ハードルはあっても、このパイを広げない限り、日本は航空機産業という大きな市場での負け組になってしまう。

「将来予測、各種データからは確実に将来性はある。しかも、製造が追いつかない。その意味では、まちがいなく大きなパイがあるのだが、日本はそれを十分に取り込めていない。現在でも、悲しいかな、日本に十分なキャパがないため、韓国や台湾がその受け皿になっている」と宮崎リーダーは嘆く。

だが、そこに新潟のチャンスもある。

そんな意気込みを示すのが「ニイガタスカイプロジェクト」のスタートである。

二〇一一年一〇月、東京ビッグサイトで「新潟市ビジネスフォーラム2011」を開催した時、正式に同プロジェクトの取り組みを発表。セミナーを開催した他、同日開催の「東京国際航空宇宙産業展2011」での「小型ジェットエンジン」のデモンストレーションも行っている。

小型ジェットエンジンの開発から六年、現在の「新潟エンジン四号」は世界のトップレベルの環境対応特性（低騒音・高燃費）を持ち、海外のエアショーでも、その技術力は高い評価を受けている。毎分一〇万回転を超える小型ジェットエンジンは発電タービンに応用できる。「今、地方創生の取り組みがたくさんありますけど、一番障壁が多い航空機への進出ということ、これが実現できれば、そのノウハウというのは、いろんな方面に応用できる」

あるいは無人飛行機の研究開発を行い、新たな産業として伸ばしていく。無人飛行機は空の無人ロボットのようなもので、日本の得意分野である。国内では新潟が先頭を切る形でやりたいと取り組んでいる。三年後にはリモコンによる完全自動操縦を実現、量産化を目指している。

新潟は空に恋してる

新潟を航空機産業の一大産業拠点にする」ための取り組みである「ニイガタスカイプロジェ

クト」のスローガンは「新潟は、空に恋してる」というもの。「ＮＩＩＧＡＴＡ　ＳＫＹ　ＰＲＯＪＥＣＴ」のロゴとともに、青い空を横切る飛行機、地球を覆う青空をイメージするブルーカラーのデザインイメージ並びに取り組みは、いわゆるお役所仕事のイメージを一新するものとして注目されている。

それもそのはずで、新潟はアニメやマンガなどのコンテンツ産業でも注目される土地柄である。漫画「あぶさん」の水島新司、東京オリンピックのポスターデザインの亀倉雄作などを生んでいる。「どうせなら本格的なプロジェクトのイメージをつくれないか」ということで、新潟のデザイン関係のグループに提案。プレゼンのコンペをした結果、現在のロゴとデザインとキャッチコピーができた。プロの仕事である。

同プロジェクトの一歩踏み込んだ形の展開は「航空機産業の新たなるビジネスモデル」の提案として、宮崎リーダーのプロデューサーとしての腕の見せ所となる。

そんなプロデューサーとしての宮崎リーダーの苦労の一つが、慣れないお金集めである。すでに「西浦区漆山企業団地」ＹＳＥＣ（山之内製作所）敷地内に共同工場を建設。二〇一七年の本格稼働を目指して新会社ＪＡＳＰＡ（ジャスパ）を設立、航空機のエンジン部品工場として稼働を始めている。事業費四六億円の「経済産業省国内立地補助金対象事業」である。国の補助金がかなり出たとはいえ、残りの二〇数億円は銀行借入れしなければならない。だが、中小企業にそんな大金を出せるものではない。そこで宮崎リーダーが銀行に出向いて、航空業界の現状からその将来性を説明。理解を得るわけだが、さすがに一行ではリスクが大きいため、山之内製作所のメインバンクのある川崎に出向いて、同じ説明をする、そんな苦労を重ねてできあがったのが、シンジケートローンという複数行によるリスク分散型の方式である。

戦略的複合共同工場

さらに、二〇一三年には同プロジェクトの第二弾ともいえる戦略的複合共同工場を「南区白根北部第二工業団地」に建設。こちらは建設費九・五億円（国の補助金二億円）という事業である。航空機の部品づくりに携わりたいという複数の企業に入居してもらって、航空機の部品の新たな受注を始めたいというもの。中小企業が独自の技術力を持ち寄る形でまとまるという非常に難しいと同時に、画期的な取り組みとして、多くの自治体等から注目されている。とはいえ、そこには航空機産業ならではの難しさがある。

技術力もさることながら、品質管理が非常に難しい。中小企業の弱点はつくるのには長けているが、そこに付加価値をつけたり、マネジメント、品質管理面などの体制が整っていないこと。自動車部品であれば、大量生産の一部でできたものをメーカーに納めれば、それでいいのだが、航空機の場合はそう簡単ではない。

安全性の面からも、誰がどこでどういう作り方をしたかという、部品一つ一つに至るまでの製造履歴がつく。同じ部品でもクルマとはまったく異なる。

だが、問題はそれだけではない。

航空機産業の特徴として、企画から生産に至るまでの期間が、平均して三年かかる。受注したとしても、必要な部品をつくるための専用の機械設備を整える必要もある。

つまり、本格稼働するまでの三年間、持ちこたえるだけの体力が必要になる。その三年間に本当にその機械を使って満足な部品をつくることができるのか、いわばテストされる。その間の借入金の支払い、本体の経営面で耐えられる体力も、有力企業としての条件なのである。

航空機産業は一品一品が大量生産できないものばかりなので、日本の中小企業の小回りの効く器用なところは航空機に向いている。しかも製品寿命が長い。二〇年は使われる。二〇年つくり続けるため、初期投資さえ乗り越えれば、後は造れば造るほど儲かるというサイクルになる。ただ、それまでに一〇年かかる。

ジャスパに続く新会社を設立するために「参加企業を束ねるだけで三年かかった」という宮崎リーダーの、現在の仕事は新会社をいかにして離陸させるか。プロデューサーとしての手腕が問われている。

＊　　＊

相手の土俵

雑誌掲載から一年後の二〇一五年一〇月、東京ビックサイトで開催された「東京エアロスペースシンポジウム２０１５」の案内が届いたこともあり、ニイガタスカイプロジェクトのその後を見に出かけた。展示会場を見て回った後「新潟市ビジネスフォーラム」に参加、夕方に開催された交流会に出席した。

交流会には篠田昭市長をはじめ市のスタッフ、経済産業省関東経済産業局や産業技術総合研究所など国の関係者の他、プロジェクトの中心企業である山之内製作所社長やＪＡＳＰＡ社長などが参加。新潟市のチャレンジを応援するため、みんなで力を合わせようという勢いが感じられる明るい雰囲気であった。

とはいえ、展示会並びにパーティの出席者から、当事者ならではの本音などを聞いていると、つくづく航空機産業というのは分厚い電話帳のような契約書を大量に積み上げて仕事をする国々に相応しい事業だとわかる。

その昔、ベストセラーになった「ユダヤの商法」を徹底したような国民性をベースに、とことん安全性を追求すると言えばその通りだが、すべてを疑い、いかにして責任の所在を明確にし、予想できる失敗・トラブル・損害・不祥事などを回避して、利益を生み出すかという意味での無敵のビジネスモデルとなっている。

超絶技巧は日本人の職人の得意とするところだが、それは神業というレベルのものであっても、目指すべき目標がちがっていて、威力を発揮できない、そんな印象がある。つまりは、発想自体を変えて、欧米のルールを取り入れて、相手の土俵で戦う必要がある。苦労が絶えない理由である。

そうしたシビアーな世界とはいえ、新たな産業創生のため、地域クラスターの試みでの中小企業の航空機産業への参入が続けられている。

だが、意気込みと掛け声だけは盛んでも、大手企業傘下の地域とある程度の実績のあるところを別にして、その大半はこれから始めるとか、研究会レベルのところが多いこともあり、ある専門家は「成功は難しい」と、各地の地域クラスターの取り組みに厳しい目を向けている。「大手傘下でもない、中小企業連合による共同受注グループとしての取り組みはどこにもない。ニイガタスカイプロジェクトは他の地域クラスターとはちがうと自負しています」と、宮崎リーダーが強調するように、例外の一つとして注目されているのが、新潟市の取り組みである。

これまで何の実績もないという意味では、ニイガタスカイプロジェクトのチャレンジ、展開自体がほとんど奇跡のようなものだということもできる。実際「素人集団のため、航空機産業の難しさをよくわかっていないからできた、無謀とも言えるチャレンジです」とのコメントまであった。しかし、虎穴に入らずんば虎子を得ずである。リスクを恐れて決断できずに、スピード感を失う、典型的な日本企業やお役所仕事を打破する原動力が、ニイガタスカイプロジェクトの最大の長所である。

「日本再興戦略」

本文で紹介しているように、新潟市内の二つの工業団地内にある工場ができたことによって、航空機産業の一大集積地としての基礎ができつつある。

西蒲区のエンジン部品共同工場は、順調に稼働していて、いかに大きい仕事を呼び込むかという飛躍の時期を迎えている。

もう一つ、二〇一五年七月、南区の「戦略的複合共同工場」に航空機関連部品の一貫生産を目指す中小企業グループ（ＮＳＣＡ）が入居。研究施設である「地域イノベーションセンター」が併設され、製品の品質向上や人材育成、無人飛行機システム（ＵＡＳ）の研究開発支援等を行う。

中小企業連合でエンジン部品や機体などに使う部品を一括受注できる工場を市内二カ所に整備することで、すでに受注を獲得している。

興味深い展開としては、県内グループのＮＳＣＡでは、独自ルートから県外の企業が応じきれずに断っている受注分を、共同工場を分工場として利用することにより、うまく回りだしているという。

技術力の高さには定評のある西蒲区の工場でも同じような現象が起きていて、すでに受注はキャパシティいっぱいのため、これ以上、受けるにはさらなる設備投資が必要になるという状況が続いている。

問題は、ニイガタスカイプロジェクトの大きな目玉でもある無人機だというのも、エンジンに関しては様々な方面からの協力も得られて、東京都の航空学校の教材に採用されるなど、具体的な成果も見られる。今後は、さらに改良を加えて完成度を上げていくことになる。

やや難航している機体に関しては、実際に空に飛ばすため、安全性の面でクリアーすべき点が少なくない。すでにワイヤーをつけた実験では、離陸と着陸に関するデータも取れて、次のステージに行くための準備を進めているという。

もう一つの目玉であるドローンに関しては、世界的な開発に拍車がかかっていて、いわばブームの感もあるが、素人目にも狭い日本で、おもちゃのようなドローンが都市の上空を飛び交う光景は、考えにくい。

そうした実験用のドローンではなく、ニイガタスカイプロジェクトで開発しているドローンは、より世の中への貢献度が高い、商業化できるものを目指している点で、むしろ、現在のドローンの在の開発と実用化をめぐる様々な規制やルールなど問題点が整理された後に、本来のドローンの在り方として再評価されることになるのではないかという将来を見据えた開発となっている。

現在は生産能力が上限に達しており、航空機市場の拡大で部品の供給能力が不足すると言われる二〇二〇年に向けて、さらなる体制整備が必要になっている。

宮崎リーダーとしても、これまでの二つの工場とは異なる形での三つ目の工場づくりを模索。これまでの新潟の実績をもとに、商社等の大資本と組むことによって、ビジネス展開しやすくなるような連携を進めていくつもりのようである。

三つ目の工場候補としても、当初の航空産業の基本である空港との相乗効果、つまりは利便性と経済効果とともに産業育成を兼ねたメンテナンスまでを視野に入れることで、今後のコスト競争にも耐えうる航空機産業クラスターが完成する。

ホンダジェットが順調に商業化への道を進んでいるのに対して、日本の航空機産業の新しい一歩として期待されてきた三菱航空機による国産初のジェット旅客機ＭＲＪの納入時期が、再三にわたって延期を繰り返すなど、途絶えてきた技術を再興することも含めた〝産みの苦しみ〟が続く。

その難しさは、ニイガタスカイプロジェクトの場合も似たようなものかもしれない。だが、その難しさは十分に挑戦する価値のある取り組みである。というのも、地元・新潟のためというのが、もともとのスタートであることは言うまでもないとしても、そこには地方創生、アベノミクスの典型的なモデルとして、実は日本のためということになる。荷が重いのは当然である。

安倍政権の成長戦略である「日本再興戦略2017」では、三分野に政策資源を集中的に投下するとして、小型ドローンによる荷物配達を二〇二〇年代に、都市部で本格化させることや、二〇二二年には二台目以後が無人のトラック隊列による東京〜大阪間の高速道路での走行を商業化するなど「移動革命の実現」が大きなテーマになっている。

新潟市の取り組みは、まさに「日本再興戦略」を先取りした形で進められてきたものだけに、どう投資を呼び込むか。新潟の原点に立って、地方創生のため新潟の潜在力を開花させることが日本を元気にする。ニイガタスカイプロジェクトの今後の展開が注目されるゆえんである。

注目のベンチャー 8

生気象学をビジネスにする株式会社「ライフビジネスウェザー」

石川勝敏社長／東京都中央区

生気象学の可能性

気象情報をビジネスにするということは自然そのものを対象にすることだ。その気象学の頭に「生《せい》」がつく生気象学《せいきしょうがく》なる学問は、一般にはほとんど知られていないが、そこに生がつくことの意味は大きい。

生（Ｌｉｖｅ）とは命であり、生産であり、成長であり、人生である。そのすべてが生（なま）から熟成へと至る流れとともにある。その生熟のプロセスの断面をかいま見せるのが、いわゆるライブパフォーマンスである。一つの場を共有するとき、その環境の中で、人は直接、五感に訴えかけてくるライブの力に影響・感化される。

生＝ライブは現代の極めて重要なキーワードの一つである。生気象学もそうしたライブ同様、気象現象の持つ力を解明し、伝える学問である。

自然と生物、いのちあるものとの関係は、文明との関わりを含めて、異常気象、天変地異などが目立つ時代における生気象学の持つ二一世紀の科学としての役割、使命をますます大きくしている。

その重要性と潜在力そして可能性をほとんど独力で開拓してきたのが、株式会社ライフビジネスウェザーの石川勝敏社長である。

近年、気象情報は生活面ばかりではなく、ビジネスに直結する情報として、毎日の天気から長期予報まで、重要性が増すばかりである。

時代の追い風を受け、ビジネス利用の他、健康面からのアプローチにも積極的なライフビジネスウェザーだけに、その展開は順調そのものである。

とはいえ、生気象学が持つ重要性と可能性は、生気象学という学問自体になじみがないこともあり、なかなか実態が伝わりにくい。その意味では石川社長は、世の中への浸透、ビジネス展開に関する推進役兼広報マンのようである。

まずは、現代の生活・ビジネスに欠かせない気象情報をめぐるビジネスの概要を知るために、初出のビジネス情報誌『エルネオス』（二〇一五年八月号～九月号）の「ベンチャー発掘！」を再録する。

＊　＊

気象神社

人生もビジネスも「運を天に任せる」しかない状況に直面することが、よくある。打開策は人それぞれだが、有効なものの一つと信じられているのが「苦しい時の神頼み」だ。それは最先端科学の現場でも変わらない。

あの日本中を感動の渦に巻き込み、諦めない勇気の大切さを教えた小惑星探査機「はやぶさ」の成功の陰にも、神社にまつわる意外なエピソードがある。

通信が途絶え、制御不能となる「はやぶさ」の苦難の道中で、最後の手段として試みられたのが、プロジェクトリーダーによる岡山県真庭市の中和神社への参拝である。中和神社の主祭神は、イザナギノミコトが高天が原に戻る際、黄泉国の雷神の追跡を振り払うために投げた杖から生まれた久那斗神（クナドノカミ）。その神にあやかって「はやぶさ」の帰還を願ったわけである。

天気・気象の世界には、専門の「気象神社」がある。もともと天気の語源は、天の気＝エネルギーの詰まった天からの贈り物である。ありがたい自然の恵みであると共に、人知の及ぶところではないため、天に唾すれば天罰が下り、例えば恵みの雨が洪水などの災害をもたらすと信じられてきた。

気象用語で、もっとも頻繁に登場するエルニーニョはスペイン語の「神の子」である。天気が神と関わるのは万国共通だが「気象」専門の神社があるのは日本だけ。しかも、その日本で唯一という気象神社は、東京・高円寺の氷川神社の一角にある。もともと陸軍気象勤務の統括・教育機関として旧・馬橋四丁目（現・高円寺北四丁目）に創設された陸軍気象部の玄関脇に、一九四四年四月に造営。勤務前に気象観測員が気象予報の的中を祈願したという。気象情報が戦局を左右する重要な情報だからである。

気象神社は、本来であれば戦後の「神道指令」により撤去されるべきところ、なぜかGHQ宗務調査局の調査漏れで無事だったものを払い受け、一九四八年九月一八日の氷川神社例大祭の際に、遷座祭を執り行ったというありがたい神社である。

祭神は「知恵の神」として知られ、一人で多くの人々の知恵と思慮を兼ね備えた八意思兼命（ヤゴコロオモイカネノミコト）で、気象記念日の六月一日、例祭が行われている。気象庁の職員らがよく参拝に訪れるという知られざる気象パワースポットなのである。

だが、時代は変わった。異常気象その他、人為的な影響があまりに顕著な最近の気象には、気象の神も半分お手上げの状態ではないのかと、そんな印象もある。

ＩＴ時代の今日、神はないがしろにできないとはいえ、気象情報・天気予報にも、文明の利器が続々登場している。

数ある気象情報会社の中でも、一際ユニークなのが「生気象学」を用いて、ビジネスを展開している株式会社ライフビジネスウェザーである。通常の生活に密着した天気予報・気象情報である生活気象（ライフウェザー）と、業務上役立つ産業気象（ビジネスウェザー）を応用し、市場のニーズに合わせた局地的気象予測をコンテンツ化したシステム・サービスを提供している。

建設気象ＰＲＯ

猛暑にしろ冷夏にしろ、近年のメディアでの天気予報・気象情報の重要性は、増すばかりである。四季の変化に富んだ日本では、桜の開花予想から、梅雨入り宣言などの他、花粉症、熱中症情報が天気予報とともに語られる。世界的な異常気象による影響の他、災害、台風、地震、火山の噴火活動に関する情報など、日常生活・健康・ビジネスに直結する気象情報サービスを民間各社が競っている。

いまでこそ、様々な気象情報・サービスが提供されているが、もともとの気象情報は防災のためというのが主流で、理系中心の専門家がつくってきた。事実、天気に関する情報サービスは気象庁の専売特許であった。

そうした流れが変わるのは、一九九四年に気象庁が提供する天気図などのデータを利用できる人材を確保するために導入された気象予報士が登場して以降のこと。

そんな中で、いわゆる天気・気象情報を単なる防災情報だけではなく、マーチャンダイジング、建設現場、介護・健康サービスと結び付けることによって、独自の展開を図ってきたのが、ライフビジネスウェザーである。

現在、同社の主力ビジネスとなっている「建設気象ＰＲＯ（ＫＩＹＯＭＡＳＡ・ＫＡＩＨＯ）」は、一キロメッシュという高解像度の局地気象予測である。陸の工事は「ＫＩＹＯＭＡＳＡ」、海の工事は「ＫＡＩＨＯ」というブランド名で、国土交通省の新技術情報提供システム（ＮＥＴＩＳ）に「設計比較対象技術」として登録されている。

民間の気象情報会社は、どこでも気象庁が提供している「気象ビッグデータ」を活用している。ライフビジネスウェザーでは、気象庁の二〇平方キロのデータを独自の解析・予測技術を用いて、一平方キロの狭い範囲での降水量や落雷、高所作業用のための風速を一〇分から一時間単位で、予測し配信している。頼れる気象情報として、今や全国四〇〇〇の建設現場で利用されている。

「最近は都市を襲うゲリラ豪雨が問題になってますが、上流での局地的な豪雨に、下流で工事をしていた作業員が、アッという間の増水に対処できずに、犠牲になる痛ましい事故がありましたけど、もし事前に上流の天気の急変を知ることができれば、そうした事故も防げたんです」と、石川勝敏社長は「建設気象ＰＲＯ・ＫＩＹＯＭＡＳＡ」の効用の一例を上げて、残念がる。

もう一つの柱が「毎日の健康をみはる・次世代型健康管理プラットホーム」と銘打ったサービス「健康みはり」である。こちらは、石川社長が気象ビジネスに関わって以来、気象情報を日々の生活・健康に役立てたいと考える中から、季節や気象の変化と人間の身体の変化の関係に着目。

喘息や肺炎の発症、脳溢血や脳梗塞、古傷の痛み、偏頭痛から、心身の疲れや鬱病、熱中症など、気象と季節の変化との相関性が高い疾病・症状を、気象情報と合わせて予測・ケアするシステムである。

二〇〇〇年当時、健康管理用の「みはりシステム」を構築。実際に、香川県で二年間の実証実験を行っている。テレビの上にセットボックスとＣＣＤカメラを設置、利用者の身体データや血圧などの情報をもとに、気象情報を活用した健康アドバイスなどを行うサービスである。様々な機能がついていて、健康監理や買物支援面では元気な暮らしをサポートするアドバイス、利用者に合った料理レシピなどが提供されると共に、専用のサイトから食料品・日用品などの購入ができる。

「以前は、効果的ではあっても、実際に設置するとなると、あまりに高くつくためビジネスにはならなかったのですが、ようやく時代が追いついてきて、当時のシステムがそのまま使える」と、石川社長はスマホやタブレット端末が普及し、ネット環境が激変するという時代状況の変化を語る。

オプションのレーダライトの活用によって、一般的なカメラによる監視・見守りではなく、非接触での利用者の体勢変化、呼吸状態などが把握できることもあり、健康・介護の世界でも応用できる新たなビジネスモデルとして、今後の展開が期待されている。

基本的なシステム構築については、すでに香川県などでいわば実証実験が済んでおり、現在では奈良県の「葛城モデル」として、各地に波及しつつある。

生気象学

石川社長が気象に関心を持ち始めたのは、およそ二五年程前のこと。前職のファッション小売業キャビン時代に「リアルな地球の映像を見ることができる」と声をかけられて「野次馬根性で見に行った」のが、民間気象会社ウェザーニューズであった。

初代社長の石橋博良氏から熱心に「一緒にやらないか」と誘われて、一九九一年にウェザーニューズに転職。取締役気象環境事業部長となり、イトーヨーカドーグループをはじめ、大手流通業における気象情報活用ビジネスを開拓し「生気象学」をビジネスに応用した先駆者として知られる。

当時「有価証券報告書」の「業績等の概要」を集めて目を通した石川社長は、上場企業のおよそ三社に一社が「猛暑のため」とか「梅雨が長く雨の日が多く」あるいは「暖冬のため」などと、天気を業績低迷の理由にしていることに驚いたという。

確かに、今でも多くのメディアで、天気のせいでモノが売れないとか、逆に販売予定量を変更したなどと、当たり前に報じている。だが、モノは考えようで、ビジネスのヒントはどこにでも転がっていて、石川社長が目をつけたのが、天気と日常生活・ビジネスとの関係である。

実際に入社してみて感じたことも、当時の気象会社は防災気象が中心で、いわゆる「豪雨に注意」「暴風に警戒が必要」といった気象情報を扱っていた。

小売り出身という、ちがう業界でシビアなビジネスを経験してきた石川社長にしてみれば、ずいぶん「モッタイナイな」と思ったところから取り組んだのが、小売りチェーンのＰＯＳデータと気象との相関解析である。

「試しにやってみたところ、面白い話がいっぱい出てきた」と、天気とビジネスの関係、生気象学の奥深さを語る。

そうした象徴的な話が、二六度になるとアイスクリームの売上げが二五度の時より三割増える、逆に八月におでんが売れるといった話。つまり、真夏日（三〇度）から気温が下がり、最高気温が二九度を下回るころからおでんが売れ始める。

なぜなのか。ＰＯＳデータの解析をしただけではわからないため、二六度になると、アイスクリームが食べたくなる理由を知ろうとする過程で、出会ったのが生気象学である。

生気象学とは、一般的には聞き慣れない言葉だが、一九五五年にパリで第一回の国際生気象学会総会が開催されている。大気の物理的、科学的環境条件が人間・動物・植物に及ぼす直接・間接の影響を研究する学問である。

生気象学を用いた研究の結果、石川社長は「商売は四季だけではなく、二季で考えるべきではないか」という発想の下、いわゆる二月ごろの最高気温一五度を境に気温が上昇に向かう「昇温期」と、八月ごろの最高気温二九度を境に気温が下降していく「降温期」の二期に分けることによって、季節の食べ物と気象の相関関係を解明、ビジネスから生活・健康に役立つ情報・サービスを提供してきたわけである。

小分けそば事件

小売業界で気象情報を本格的に採用するきっかけになったのが「小分けそば事件」である。石川社長にPOSデータを提供してくれたこともあり、気象と商品の売上げとの相関解析に理解のあったセブンイレブンが採用。ウェザーニューズの気象情報を地域ごとの店舗に配信していた。

当時の気象情報は精度が劣っていて、文句も多かったというが、そんな見方を大きく変えたのが、梅雨の中休みの時期のこと。それまで二〇度ほどだった気温が、三三度に急上昇するとの情報を配信。いつもは一〇食程度の発注だと聞いて「一〇食はもったいない。倍の二〇食にしても売れます」との情報を流したところ、店舗の地域担当者が「明日は気温が急上昇するので、小分けそばの発注を倍にしても売れます」と、各店に推奨した。

各店が一〇食追加する中、中部のある店のオーナーが、一〇食のつもりで一〇〇食を発注。届いた商品の山を見て、真っ青になったというが、いまさら返品もできない。

仕方がないので、床に段ボールを敷いて、そこに小分けそばを積み上げた。だが、予報通りの猛暑日となり、お昼におにぎりや弁当が売り切れる時間に、小分けそばも完売。気象情報が販売戦略に直結した典型的なケースとして、業界では「小分けそば事件」として語り継がれている。

ケア・ネットワーク

気象予報士制度が発足して、二〇数年。

「気象庁がタダの予報を出しているのに、何で天気予報・気象情報がビジネスになるのか？」と言われた時代から、次々と新しい民間気象会社ができて、今や大小合わせると「百社以上ある」という状況にある。

気象衛星もこれまでの「ひまわり７号」から、二〇一五年七月、新たに「８号」の映像が利用できるようになって、以前はわからなかった水蒸気の存在や台風の目の中の動きまでが見える。高性能の気象レーダーが開発されて天気予報・気象情報サービスの世界にも、変革の波は確実に訪れている。

気象情報の重要性が高まる中、「今がチャンス！」というのが、他社に先駆けて、一平方キロメートルという狭い範囲における天気予報・気象情報サービスを提供しているライフビジネスウェザーである。

「ひまわり8号」で、それまで三〇分毎だった気象データが二分半ごとに出るようになって、それが予報の正確性に直結すると思われがちだが、あるお天気キャスターはより詳細な映像を歓迎する一方、意外にも「それをどういうふうに予報に生かすかは、実はこれからの課題だ」と語る。背景には従来の気象データとの比較検討が必要な上、新旧のシステムの整合性などの問題がある。

一方、すでに一平方キロの気象情報を提供してきたライフビジネスウェザーでは、二・五分ごとの気象データを積極的に取り込み、より精度を上げるための作業を進めている。「これまで水蒸気の情報はなかったため、それが得られるのは、当社にとっては、大変ありがたい」と、石川社長は頬を緩める。同社の一平方キロ情報を、これまでの建設業から、他のあらゆる分野に拡大できるチャンス到来と見ているからである。

他社に先駆けて開発した一平方キロ情報は、実は石川社長がそもそもの起業の原点となったもう一つの柱「健康みはり」のために開発したものである。独立後、一九九八年一月に起業時の社名「ケア・ネットワーク」にその思いが見て取れる。

健康や日常生活と密接に関わる重要な気象情報を提供するとの考えからだが、高齢化が問題となり、介護保険制度ができる時代である。ケア＝介護というイメージから「介護の会社ですか?」

と聞かれることが多く、さすがに「まずい」ということから社名変更。生気象学をベースに生活気象と産業気象を扱う現在の「株式会社ライフビジネスウェザー」となっている。

ちなみに、生気象学の会員としては、ＮＰＯバイオクリマ研究会の設立に尽力。石川社長が名づけ親という「健康気象アドバイザー」なる資格認定制度の他、彼が音頭をとる形で熱中症予報をスタートさせている。

一平方キロメートル情報

「健康みはり」の開発に関して、「なぜ一平方キロなのか」について、二〇平方キロの気象情報では、特定のユーザーとの関連性が低いため。実際に気象との相関を取っても、どうも納得がいかない。「天気予報は当たらない」との苦情が多かったというが、それも二〇平方キロの情報の場合には、そのどこかで雨が降っていれば「雨」という情報になる。

そうしたバラツキをなくし、より正確な解析ができるようにと開発されたのが、一平方キロという局地的な範囲を対象とした天気予報・気象情報サービスである。

だが、苦心して作り上げた一平方キロ情報だが、周りの反応は決していいとは言えなかった。「気象庁の天気予報が当たらないのにそのデータを使って、なぜ一平方キロだから当たるのか。それを証明しろ」と言われる。そうした声を説得するには、実際に観測機を設置して歩かない限りはわかってもらえない。「どうしようか？」という時に役立ったのが、小売業時代の貴重な体験であった。

雨が降ると困るのは、小売業に限らない。もっと切実なのが、例えば雨が降ると、その日の仕事が中止になる建設業界である。そこで、実際に建設会社の作業現場に出向いて、使ってもらうようにした。それが月一万円という料金設定もあり「一万円なら試してみようか」とのことから使われるようになった建設気象ＰＲＯ「ＫＩＹＯＭＡＳＡ」である。建設現場での、営業のヒントとなったのが、ファッション小売業キャビン時代の映画制作と営業研修所建設である。

周防正行脚本・監督、本木雅弘主演のヒット作「シコふんじゃった」には、制作に大映と並んでキャビン株式会社の名前がある。

たまたま、まだ無名だった周防監督が映画のシナリオを手に映画づくりの企画を持ち込んできた時、社長から対応を任されたのが、販促部長の石川社長である。

制作担当者として、予算を削るため、エキストラに社員を総動員したりしたというが、撮影ではホースで雨を降らすことはできるが天気は左右できない。当然、雨で撮影が中止になったり、中断したりしたというが、結果的に映画は大ヒットした。

だが、天候の行方に関して、より切実なのは、ビジネスと直結する建設のほうである。実際の研修所づくりの過程では、担当者として週に一回ほど打ち合わせなどのため、朝から現場を訪れていた。すると、建設会社の新入社員が朝早くから現場に来て、窓を明けては空の様子を見ている。その日、コンクリート打ちがあるため、作業を行うか中止するか、決めなければならない。「雨が降ったら損が出る」というのが、その真剣さの理由なのだが、聞けば「四〇〇万円が吹っ飛ぶ」という。

そんな苦労も月一万円でなくなるなら、安いものである。雨の他、風力、台風情報、熱中症危険度予測なども配信される。

そうした開発の苦労はあっても、それなりに順風満帆に見えるライフビジネスウェザーにも、大げさな表現をすれば、倒産の危機に直面した時期がある。

二〇〇四年、親方日の丸体質による大赤字を抱えた東京電力の気象子会社（ウェザーライン）の営業を譲り受けたため、その赤字を解消するのに、四年半を費やしている。

子会社の整理を含めて、経営者としての手腕が問われる貴重な経験を積むことになる。振返ってみれば、何事も無駄はない。

その間、二〇〇七年一一月から安全建設気象モバイル「ＫＩＹＯＭＡＳＡ」の開発に着手。二〇〇九年三月、建設現場向けの「ＫＩＹＯＭＡＳＡ」をリリース。二〇一一年三月、国土交通省のＮＥＴＩＳに登録。その使い勝手の良さが、建設業界以外の業界に知られるにつれて、他の業界での利用が進みつつある。

事実、その気象情報サービスの利点が知られるようになって、流通業界でも気象情報の利用方法を見直す気運もある。そのため、ライフビジネスウェザーでも一平方キロ情報による店舗ごとのPOSデータとの解析、システム化を図っているところだという。

葛城モデル

一九四一年、和歌山県粉河市で生まれた石川社長は、二〇一七年八月で七六歳になる。すでに後継者も育って、いつでも引退していいのだが「もともと『健康みはり』がやりたくて起業したため、いまだ未完成なうちは辞めるに辞められない」と苦笑する。

その意味では、すっかり予定がずれ込んでしまったが、高齢化が進行する日本でも、ようやく時代が追いついてきた。認知症での徘徊、介護の世界での、いわゆる安全性、日常生活の変化を見守る、様々なシステムが開発されている。ケータイやメール、レーザーやセンサーで離れていても監視できる。

居所がわかる見守りシステムは、様々な自治体での実証実験が行われている。それも国土交通省、厚生労働省あるいは総務省など、いろんな形で予算がついて行われる切実なテーマである。

だが、その現実はいろんなところで予算がついてやるのだが、その後が続かないというもの。その点「健康みはり」を開発したライフビジネスウェザーには、健康並びに日常生活の見守り、監視サービス分野でおよそ一五年の実績がある。

香川県での実証実験の他、奈良県の葛城市でも好評だったことから、総務省が中心になって、今では「葛城モデル」として、全国に横展開しようとしている。その後、香芝市、広島市、木津川市など確実に広がっている。

葛城モデルでは、産官学民連携による「自助共助型地域コミュニティ」を創出することにより、パブリックコストの縮減、持続的運営が可能な社会サービスの創出・提供を目指している。すでに、天井にレーダーセンサーを取り付け、その人の睡眠の状況とか無呼吸のあるなしまで把握する取り組みが、ようやく形になってきている。

その他の新機能に関しても、日本の大企業、大学、病院等が積極的に参加している。様々な機能を組み合わせることで、その人のバイタルデータ、例えば肩凝りがある、喘息などの持病があるといった情報から気象と健康との相関がいろんな形で捉えやすくなる。同時に、それに対するケア・サービスの提供が可能になる。

その情報をモバイル端末上で、その日のデータを入力すると、その人に合ったコメントが出てくる。今日の天気からは、何に気をつけなければいけないか。治療・ケアに関するアドバイスの他、健康との因果関係が強い料理レシピなど、糖尿病の人が食べるレシピ、高血圧症の人が食べるレシピというような情報が提供される。「それをやりたいんです」という石川社長にとって、結果的に準備期間は長かったが、コスト的にも実用化できるようになって、すでに本格的なデモンストレーションが行われている。

世界企業への道

総務省が「葛城モデル」を見守り・見張りなどの監視システムの標準モデルとして展開しようとしていることは、今後、そのビジネスモデルが全国的に採用されていくということである。ビジネスモデルとして見た場合、通常の商品、サービスであれば、代理店を募集して、大々的に展開すれば、勢いがつく。事実、健康・介護関連業界では「健康みはり」が次なるビジネスとして、多いに注目されている。

行政関連の動きとは別に、企業ベースではある中堅の住宅メーカーでも、二年ほど前から「健康みはり」サービスが一部導入されている。

日本以外でも、すでにベトナムでの導入検討が始まっている。こちらは、日本清掃業協会が音頭を取って、ベトナム人の募集を兼ねて、日本語の教科書をつくり、現地での介護教室を考えている。

台湾での導入も現実味を帯びてきているなど、今後の世界展開を展望するとき、大企業を傘下に置く形でのフランチャイズチェーンの在り方も見えてくる。今後のビジネス展開は未知数だが、その大きな可能性は、注目に値する。

＊　　＊

葛城モデルその後

「健康みはり」システムの開発者として「ビジネスとして完成させるまでは辞めるに辞められない」と語る石川社長は、年齢を聞かなければ、とても七六歳とは思えない。ずっと若い印象があるのは、使命感があるからだろう。その意味では、目標に向かって困難に挑戦を続けるベンチャー精神（起業家精神）の賜物である。

健康で仕事に関しても現役を続けるという高齢者の鑑のような在り方は、そのまま「高齢者が元気でいれば、高額な医療費も介護費用も要らなくなる」とのメッセージになる。

年金制度の今後が問題になり、富の偏在が指摘される中でとりあえずの勝ち組、お金を持っているのは高齢者である。

彼らが元気であれば、消費面ばかりではなく、旅行や観劇、趣味など、様々な分野にお金を使うようになる。その意味では、高齢者の健康はあらゆるビジネスの市場を拡大する原動力である。

みはりシステムの重要性が、ますます大きくなる中、「健康みはり」はほとんど完成の域にある。

いわゆる葛城モデルは実証実験としては好評のうちに終わっている。予算など資金面での問題はあるが、産官学のプロジェクトとして着実に進展している。

しかも、プロジェクトとしては終わっているのだが、行政サイドから「止めないでほしい」と言われて、そのまま採算度外視で続けている状況にある。

というのも、葛城市には地域にはちょっとそぐわない福祉施設ができていて、コミュニティ循環バスで一日四〇〇人ほどの利用者が訪れる。お風呂や温泉プール、カラオケなどの他、食堂もあり、イベントも行われる。その施設内に、ライフビジネスウェザー製の顔写真を撮ると、健康状態を表す五段階の顔色が出てくる装置が置いてある。

装置の前に座ってボタンを押すとシャッターが下りて、皮膚の下の血管の状態が撮影できるというもの。維持するだけで費用が嵩むばかりのため、撤去したいのだが、利用者が多く辞めては困るというわけである。

この装置も、現在はもっと小型化しようとしているところだという。

MBTコンソーシアム

葛城モデルをはじめとする産官学プロジェクトは、その後、MBTコンソーシアムとして、その規模が拡大・進化している。

MBTコンソーシアムのMBT（Medicine-Based Town）とは「医学を基

礎とするまちづくり」のことであり、奈良県立医科大学の「住民医学講座」（細井裕司理事長・学長）で提唱されている。具体的には、住民を医学という視点から研究する共同事業になっている。

奈良医大をパートナーに、ライフビジネスウェザーが進めている具体的なＭＢＴの例としては、古い町並みで知られる橿原市今井町での取り組みがある。多くの地方同様、空き家が増えて高齢者ばかりが住んでいる。

この地域の医療を奈良医大が担当、まちづくりを早稲田大学（創造理工学部）が担当する形で、いろんな関連企業の参入が続いて、産官学のプロジェクトとしてかなり大がかりになっている。

生気象学的に奈良は盆地のため、夏は暑いのだが、裏側に山を抱えていて、途中は高原気候になり、湿度が低くて過ごしやすい。上の方は山岳気候になるという具合に気候が三分割されている。

その気候条件（気候差）を利用して、高原気候のところに施設をつくって、夏の間は避暑地で過ごすような形で、糖尿病や高脂血症など脳溢血の恐れがある人たちを一時的に転地療養させる。たまに下に降りて、また上に行く、そうした鍛練と癒しを繰り返すことで、健康を取り戻すといった取り組みである。

同様の「医学を基礎とするまちづくり」に適合するような地形、条件を備えた地域はいくつもある。

発想を変えれば、地方のみならず、空き家の目立つ高齢者しかいない地域や首都圏のマンモス団地やニュータウンが、そのまま介護施設にもなる。生気象学ビジネスの面白さがわかる実験場のようなものになる。

気象アプリ「ソライフ」

介護ビジネスが盛んになる中で、NTTなど大手企業グループによる似たようなサービスを謳ったものがある中で、ライフビジネスウェザーの健康みはりシステムは、生気象学的な観点からできているため、効果的に利用するには、その人の体調を入力することが重要になる。

健康状態がわかれば、例えば足腰が弱って買い物に行けない人向きに、ネットショッピングを利用、宅配サービスを紹介する形で、ビジネスにつなげていくこともできる。

元気になれば、スポーツジムにリハビリを兼ねた足腰の鍛練にも通える。旅行や映画・観劇・コンサートにも出かけられる。それらに必要な情報を結びつけるという意味で広告収入も見込まれるといった具合に、収益につなげていければというわけである。

「このシステムを全国に展開できれば、ショッピングをするときには、ネットスーパーにおけるビジネスは、みはりシステムの下につかないと商売ができないぐらいのものにしていきたいと考えています。そこでは、住宅メーカーにしてもリフォーム会社にしても、健康みはりの仕様をきっちりとやれる業者を指定していく。そういうつながりでやっていければと思っています」と、構想は広大である。

レーダー生体センサーもほぼ完成。あとは睡眠の状況がもう少し良く取れると「何で今日は調子が悪いんだろう」というときに、前日の睡眠状況と健康管理とがつながっていく。

料理レシピはすでに一五〇〇ほどできている。病気別にメニューが出てきて、材料と一緒に、例えばブロッコリーがあると、ブロッコリーに含まれる栄養素に関連するサプリメントが出てくる仕組みである。自分の病気には、どのような栄養素があればいいのか、カロリー的にはどうか、自動的に検索できるようになっている。毎日七種類ほどのレシピが出てきて、必要なものは、ネットスーパーのほうにタッチすると、宅配で届くようになる。

すでに、スマートフォン向けアプリＳＯＬＩＦＥ（ソライフ）をリリース。その日の天気に応じて、キャスターの「トキワさん」によるユーザー特性に合わせた気分アドバイス、理由・回避策などの情報が出てくる。

アドバイスは、例えば「気温は上昇するが、太りやすいでしょう」とあると、理由・回避策として「気温が上昇すると毛細血管が広がり、体内への栄養の吸収が促進されてしまいます。食事の前にスープを飲むといいでしょう」という具合である。

このソライフの「今日の天気」の中に、テレビCM風に天気の状況に応じて、欲しくなるような商品が登場する。気象と健康データなど、すべて関連商品、サービス、広告につなげていくことでいままでにない新しいビジネスモデルができてくる。

天気に応じて、生気象的に売れる商品を扱うことでビジネス展開ができるため、そこでの広告は大手広告代理店が担当するなど、ビジネスモデルが明確になってきている。

みはりシステムの第二バージョンに期待がかかる。

注目のベンチャー 9

夢を企業研修に活かす「社内ドリプラ」を展開する一般社団法人「最幸経営研究所」

篠田法正代表／東京都中央区

辞書の中の「夢」

ディズニーを例に上げるまでもなく「夢」は至るところで描かれている。小さな夢から大きな夢、毎日の夢から将来の夢まで、世の中の、どんな商品にも夢のストーリーが付いて回る。それはベンチャー企業の世界も変わらない。宇宙開発からロボットその他、すべての原点は人類の夢であり、夢への挑戦である。

毎日のテレビの中にも、あらゆる夢が、これでもかこれでもかという具合に詰め込まれている。そんな夢の洪水の中で、逆に本当の夢を失っているかのようでもある。

ベンチャーの夢を実現するために起業するのと同様、本当の夢を見つけるには、夢の見つけ方に関するマニュアルがいるような、そんな夢があるようで、ない時代を生きている。

第一、いい年をした大人が自分の夢に向き合おうとすれば、夢は映画や小説の中にしか存在しない。憧れのスターやアイドルに我が身を投影して、あるいは企業社会でも一握りの成功者が語るのを講演やセミナーで見たり聞いたりすることはあっても、実は自分の夢などないことに気がつく。

そんな現実に直面することのないように、夢を自分と切り離して、当たり障りのない日々を送る。それが多くの人々の夢の実態だろう。

「あなたの夢は何ですか？」と問われて、ハキハキと答えるのは子どもか前途ある若者ぐらいなもの。大半の大人は、夢とは言えないような趣味やボランティアに生き甲斐を見つけて、かつて思い描いた夢の代わりにする。

改めて夢の優先順位を知ろうと、手近の辞書を引けば『岩波国語辞典』の「夢」の一番目は、多くの辞書同様、眠っているときに見る夜の夢である。二番目は「実現が困難な、空想的な願い」。三番目にようやく「(現在のところ実現していないが) 将来は実現させたい願い・理想」が出てきて、四番目は「はかないこと。たよりにならないこと」と続いて、最後は「少しも。決して」という打ち消しを伴う「夢にも思わない」という形での夢の否定と、まるで夢の一生を物語っているようである。

そこでは夢ははかなく醒めていくもののようだが、それは夢の本当の力を知らない者の知識でしかない。本当の夢を探して、試行錯誤を続ける中から、実は夢が感動を生み出すことを知って、社会を変える力になることも見えてくる。

そんな夢のプランを、社内ドリプラ（企業内ドリプラ）として、企業における研修の代わりに行っているのが、一般社団法人「最幸経営研究所」（篠田法正代表）である。

まずは、ビジネス情報誌『エルネオス』の「ベンチャー発掘！」（二〇一〇五年一〇月〜一一月号）で紹介した「最幸経営研究所」編を再録する。

＊　　＊

「ドリプラ」って何？

「ドリーム・プラン・プレゼンテーション」（通称ドリプラ＝夢の計画の発表）という取り組みを知っているだろうか？

著名コンサルタント・福島正伸氏（株式会社アントレプレナーセンター代表）が始めた取り組みなので、聞いたことがあっても不思議ではない。

だが、聞いて知っているからといって「ドリプラ」を本当に知っているかどうかは、まったく別物である。

いわゆるドリプラは自分の夢を発表しあい、それを互いに応援しあうイベントである。誰もがワクワクする「感動と共感」の体験型プレゼンテーションとして全国各地のプレゼンター（発表者）たちが、毎年、地域でそして最終的には年末のドリプラ世界大会「夢（ドリーム）プランプレゼンテーション」を目指して、それぞれの夢＝事業に賭ける思いを一〇分間の音楽入りの映像にまとめあげる。その中から「感動大賞」と「共感大賞」が選ばれる。

各プレゼンターは、まずは夢を持つことからスタートし、それをプレゼンとして見える形にしていく過程で、メンターと称する支援者の協力を得ながら、夢のプランをより伝わるものにしていく。

どんな素晴らしい夢であっても、それを実現させるには、多くの問題・障害がある。そうした現実にある壁は、一人では乗り越えられないかもしれないが、周りの協力・支援があれば、乗り越えられる可能性は大きくなる。

そして、自らの夢＝事業の価値とあきらめない理由を伝えるため、ドリプラでは説明や説得ではなく、その夢が実現した時のイメージを、映像と音楽を用いて疑似体験できるものにすることにより、見ている人たちに大きな感動と共感を贈る。そうした夢を感動と共感に置き換えるプレゼンテーション・イベントというわけである。

最終的な目標は「すべての人が夢と勇気と笑顔に溢れた社会」であり、ドリプラの大きな使命ともいえるメッセージは「夢に挑戦し続ける大人に子どもは心を奪われる」というもの。と、言葉を重ねていっても、門外漢にはどこか絵空事でしかない。

毎年、年末のドリプラ世界大会を目指して盛り上がっていくイメージは、テレビのアメリカ大陸横断クイズやチャリティをテーマにした二四時間テレビで、フィナーレに向かって各地の様々な活動が、その成果である愛の募金を持ち寄る。そうしたノリや熱気に似ているようにも思う。

それだけに、実際にドリプラの現場を垣間見る機会がある時、誰もが感じるのは、大げさに言えば、夢を語るプレゼンター以上に彼らを支援する周りの大人たちの熱さ。彼らが大真面目に感動と共感をキーワードに夢を語り、その夢を応援する形で、共に夢を伝えるプレゼンづくりに熱中する。

そうしたドリプラの手法を社内研修に取り入れることによって、会社が一つになり、大きく変わるきっかけを提供しているのが、一般社団法人「最幸経営研究所」である。

「社内ドリプラ」について語ることは、なぜ大人たちがそんなに熱いのか？　その一つの答えでもある。

「社内ドリプラ」

社内ドリプラのキャッチフレーズは「勇気と笑顔で自ら動き、互いに応援しあうチームをつくる！」というもの。そうした組織、会社こそがブラックバイト・ブラック企業が社会問題になる時代に、強い組織であり、いい会社ということになる。

「一人ひとりが自分の夢に気づき、勇気をもって夢を語る。職場の仲間がお互いを認め合い、感動と共感で応援しあう。そして全員が自立型姿勢で問題をチャンスに変え、個性と能力を最大限に発揮して困難を乗り越え、社会に貢献する価値を創造して成長する」

そのための画期的な人材育成・組織活性化システムが、社内ドリプラなのである。具体的には、職場の数人単位で構成されるチームの代表者が「理想の会社」で実現したい夢のプランについて、社内、場合によっては社外に向けて一〇分間のプレゼンを行う。プレゼンまでの準備期間は数カ月。チームの他のメンバーは、この期間中、発表者の夢をふくらませ、価値を明確にし、どうしたら共感してもらえるプレゼンになるかを一緒に考え、悩みながら、発表者をやる気にさせるべく応援する。

その過程で、参加者全員が自分たちの仕事の意味や使命に気づき、自立型姿勢、相互支援等を実践的に身につけていく。その充実体験が、プレゼンが終わってからも互いに応援しあう仲間をつくることにもなっていく。そして、完成したプレゼンは感動と共感を呼び、支援者や会社のファンを増やして、社員の夢の実現が加速する。

一般のドリプラとは違って、それを事業計画書に落とし込んでいくこともある。要は、その過程でチームは自分たちで勝手にハードルを上げていく。最初に示されたやり方では伝わらないという時、ではどうしたらいいのか。それをみんなが考えながら、ブラッシュアップすることで、自分たちで決めたハードルを自ら乗り越えていく。

その変化を目の当たりにしてきた篠田代表は「そういうことが起こった時に人は変わっていく。その進化のプロセスの中で、いわば化学反応が起きてくる」と、強調する。

その変化は実際のプレゼン用につくられた映像を見ると、よくわかる。

最初はやる気のない顔で、いかにも風変わりな研修に、会社から指名されて参加した連中が「何これ？」という感じで集まっている。そんな彼らが、やがて様々な困難を乗り越えていく充実体験を経て、大きく変わることで、最後は会社全体で盛り上がっていく。

社内ドリプラの効果を篠田代表は「初めは白けて見ていた人間が、徐々に変わっていって、最後は夢中になっている、その変化を実感できるところにある」と語る。

そして、プレゼン用のムービーをつくる過程で、さらにそれができあがった時、他の従業員が見て、実は周りが変わっていく。その結果、会社の理念が見えて、やる気がある社員が増えて、全員が一つになる。そうした企業がうまく行かないわけがない。その変化＝効果を一緒に味わうことができる。

「やってよかった！」というのが、社内ドリプラを主催してきた最幸経営研究所の面々の実感でもある。

もちろん、社内ドリプラはこれまで大手企業をはじめ、中小・零細企業、病院、市役所等で実施され、新規プロジェクトが進行したり、顧客満足度が向上したり、売上げが伸びるなどの効果を生んでいる。

篠田代表が「こんな研修ってなかった」と語るように、その充実した喜び・思いが「社内ドリプラ」を広めていきたいとの原動力になっている。そして、何よりも「楽しい」というのが、原点である。

企業版文化祭

通常行われている研修の多くは、当然ながら会社や社員に足りない部分を補い、より以上の成長を促すため「教える」ことが基本の内容・カリキュラムでできている。一方のドリプラは創始者である福島氏が長年の試行錯誤の結果、開発したものであり、その考え方とともに、夢のプレゼンづくりを進めていく方法が、仕組みやプロセスとともに体系化されていて、誰でもどこでも始められるように公開されている。

そのため「私たちがやっていることは、ドリプラの方法、ルールを伝えながら、社内のチームが夢のプレゼンづくりを行っていくのを見ているだけ。そして、最後に発表するプレゼンターに『頑張って下さい』というだけです」と、笑う。

企業の研修も近年は、ゴミ拾いなどの清掃ボランティア、トイレ掃除など、様々な研修が試みられているが、社内ドリプラとの大きな違いは「楽しさ」のあるなしだという。企業の管理システムに関して、日本でもアメリカ仕込みの「プラン・ドゥ・チェック・アクション」というＰＤＣＡサイクルが導入されている。

「なぜ定着しないのかというと、その中に楽しみが入っていない。だから、管理する側はそういうけど、命令される側はとてもやってられないと、上司に文句を言いたくなる。ドリプラはＰＤＣＡの真ん中に楽しみ（エンジョイ）がある。ＰＤＥＣＡになるから、ワクワク感があって面白い」と、その魅力を紐解く。

その意味では、社内ドリプラには中学・高校で行われていた文化祭に近いものがある。企業社会でも、昔は盛んだった運動会や社員旅行などが敬遠される傾向にある中、企業版文化祭だと思えば、導入する価値はある。

事実、社内ドリプラの研修自体は少人数でも、それを周りが遠巻きに見ている。映像を駆使したプレゼン用のムービーをつくるため、いろんな部署の社員を集めて「こんなポーズ、こんな感じで」と写真を撮りはじめる。

「何これ?」というところから始まって「ドリプラのムービーをつくらなければならないんだ」という形で社内に浸透していく。そして、発表の場では「アッ、オレ出てる」「〇〇が出ている」「あの時の写真だ」「みんなこんなことをやっていたのか」という様々な驚きと発見で、意外な盛り上がりをみせる。

サラリーマン卒業

「企業は人が幸せになる場所だと思っている」と語る篠田代表にとって、本来、企業は自分の能力と個性を発揮できる一番の場所であり、やるべきことが、そのまま人のためになる。本来の力を十二分に発揮できる場所を提供することで、その会社は必ずうまく行く。それが理想である。甘っちょろい理想経営と言われそうだが、最近はそうした考え方が一番モチベーションが上がるということも、科学的に証明されてきている。

社内ドリプラが通常の研修と異なるのも、彼がサラリーマン時代に多くの研修を体験していること、さらに退職後コンサルタントとして主催してきた経験があるからでもある。

一九六二年一〇月、名古屋で生まれた篠田代表は、名古屋大学農学部、大学院を卒業後、大手化学会社に就職。研究開発部門に二〇年間勤務した後、二〇〇七年にコンサルタントとして独立。株式会社LBC（ライフビジネスクリエイト）を設立する。

その後、福島正伸氏と出会って、講座に出席する中から、二〇〇八年にはドリプラ大会を体験、メンターとして参加している。

「夢と自立と相互支援で社会を変えること」を学んだという彼が、社会を変えていく手法として選んだのが、会社の研修の中で人を変えていくということである。

ドリプラで語られる夢の多くは、これから起業するためのもの。実際にサラリーマンとして生きてきた彼が、サラリーマン社会を対象とするのは、多くの人が会社に所属しているからであると同時に「朝からラッシュに揉まれて、元気を失っている多くの人たちに、もっと元気良く、楽しい思いで会社に行ける。そんな会社を増やしたい」との思いがあってのことである。

そこには、研究者生活は「楽しかった」の一言で語れるが、その楽しさはドリプラを通して実感できる「楽しさ」とは違っていたとの苦い思いがある。

多くの人に本当の「楽しさ」を知ってもらうために、東洋哲学を学んでいた彼は、自然は水・木・火・土・金という五つのエネルギーからなるという東洋の自然観を経営に生かすため、それぞれの本業を別に持つ五人のメンバーと、篠田代表を含めた六人で、そのための任意団体をスタート。

企業にもドリプラを展開していきたいと考えていた福島氏の支援を得る形で、やがて本格的に「社内ドリプラ」の展開を始めるため、二〇一二年に一般社団法人「最幸経営研究所」を設立する。

ドリプラ世界大会

一般的なドリプラの多くが、夢を語って、その夢の実現のために起業するというパターンであるのに対して、社内ドリプラは企業や各種施設、地方自治体といったすでにある組織で働く人たちを対象にするところに大きなちがいがある。

それはすでに社会的な影響力を持っている企業・組織を活性化するばかりではなく、導入企業や組織の力を最大限に活かすことにより、広く経済・社会に貢献する道を拓くものになる。それが、社内ドリプラを展開してきた篠田代表の実感である。

だが「あなたの夢は何ですか?」と問われて、どれだけの大人が、人に語れるだけの夢を持っているだろうか。

ドリプラに賛同する多くの人たちが熱くなるのとは対照的に、その夢は周りの人々には眩し過ぎて、空々しく映って見える。

参考までに「社内ドリプラ」がスペシャルステージにプレゼンターとして登場した二〇一四年一二月のドリプラ世界大会のケースを紹介しよう。

世界大会への道は、エントリーから始まり、書類審査を経てプレゼンターが選ばれる。セミファイナルに登壇した一九組の中から、最終的に選ばれた八組がファイナルステージに進み、投票によって「感動大賞」と「共感大賞」が選出されている。

会場には、ファイナルステージに登場するプレゼンターの展示ブースが並んでいて、ちょっとしたドリプラEXPOといった雰囲気がある。その一角に社内ドリプラの展示ブースも、設けられている。

ファイナルステージの舞台に進んだのは、以下の八組である。

1．部活動は本気で楽しく「いいね〜！」プロジェクト」
2．歯科医院で保育を行う「デンタル保育システム」
3．震災後の未来像　世界を喜びで満たす「ネットワーク☆きぼう」
4．子どもたちを元気に「ヒーロー教育で全世界英雄化計画！」
5．体が喜ぶ食べ物を広める「食が繋ぐ！　今と未来のいのちの声」
6．「命を燃やせ！」壮絶な過去をエネルギーにアフリカ・レソト王国との夢を果たす。
7．トップアスリートが直接指導。「子どもたちがヒーローになれる旅行会社」
8．数千年続いてきた中国茶の伝統を守る「世界人が繋ぐ中国茶１０００年」

そして、スペシャルステージでは、富山県氷見市役所と福祉介護器具レンタルの㈱メディケアーのプレゼンテーションが行われた。

氷見市役所では「生まれ変わる海浜植物園」をテーマに、植物園を地球環境防衛隊の基地と位置づけて、環境を守る人たちが集まり、学び、行動する場とする夢のプレゼンを行っている。一方のメディケアーは「みんなの会社」というテーマで、急成長した会社をいかに一つのビジョンの下にみんながまとまるか、目指すべき会社像を描き出している。

ゴレンジャー

周りにサラリーマンはほとんどいないという家庭に育った篠田代表は、父親から何かというと「お前、いつまでサラリーマンやっているんだ」と言われてきた。父親は自らの才覚を信じ、保険代理店や設計士などをやりながら、船で世界を旅することを楽しみに、自由に生きていたからである。

だが「社内ドリプラ」を主催してきた篠田代表は、その半生を振り返れば、多くのサラリーマン同様、特別の「夢」などなかった。大学から大学院へ進学したのも「少しでも遊んでいたかったから」と冗談交じりに語るぐらいで、指導教授に言われるままに大手化学メーカーに就職、身体と環境に優しいプラスチックの研究開発に従事する。二〇年間の研究者生活で、国内外合わせて一〇〇件以上の出願特許件数を誇る。

代表的な研究成果として、身体の中で消えてなくなる手術用縫合糸、前立腺ガン用の長期持続性の制ガン剤樹脂、トウモロコシからつくるプラスチックなどがある。コストの関係で商品化には至らなかったが、トイレに流せるプラスチックなどもある。

一九九九年から二年間、米カーネギーメロン大学に留学。工学博士も取得、研究者としてのエリートコースを歩んできた篠田代表だが、やがて新たな居場所を求めて、サラリーマンを卒業。コンサルタントとして独立する。

そんな彼がドリプラと出会って、サラリーマン時代の研究者としての楽しさとはちがう本当の楽しさを知って大きく変わる。その楽しさを多くの人に知ってもらおうと始めたのが、それぞれ本業を専門に持つ五人のメンバーと六人からなる任意団体としての「最幸経営研究所」である。

ドリプラのベースにあるのは、その人がやりたいことを、やる気にしてあげることによって、全体の力が上がっていくという、個人と周囲の支援とのバランスである。そこに東洋哲学と共通するものがあることから、篠田代表は独自の五行バランスフロー理論を展開。自然の摂理に逆らわない経営革新・組織活性化の方法論を提供している。

「七〇年代のヒーロー秘密戦隊ゴレンジャーってありましたけど、それぞれ得意分野を持ったメンバーの個性を生かせるような組織ができたら面白いなというのが、最初の発想で実際にやってみたところ、今まで一人で解決できなかった問題を解決できると確信した」と、その手応えを語る。

ドリプラの手法を、最初に企業に生かした木更津の和菓子メーカーの場合、ビジョンムービー作成研修として「こうなったらいいよね」という約六分間のムービーを作成した。

そのための材料として、選ばれたリーダー六人に「会社の理想像」と「過去の感動エピソード」を集めてもらい、文字と音楽入りのムービーを完成。ユーチューブで流したところ、評判になるなど、意外な展開となる。

完成したムービーを中小企業の集まりや学生の就職説明会で上映。それまで採れなかった学卒者二名を採用できて、大いに感謝されたという。それまでの説明会とちがって、そこには社員の笑顔がいっぱい出てくる。それを見た学生が「いいな」と思って、五人が応募して二人が入社する、中小企業にとっては画期的な成果に、それを見た他社が「ウチでもやってみよう」という広がりを生んでいる。

そのポイントは、自分たちがつくるため、手作り感が満載であること。写真も自分たちで撮るため、仲間の前での笑顔になる。

しかも、そのユーチューブを一番閲覧しているのが、実は社内の人間なのだとか。要は「リーダーが何かつくっていたな」と思ってチェックする。その内容に「こんな会社にしたいんだ！」と驚いて、何気なく家族に見せる。そうすると「お父さん、面白い会社で働いているね」と家族の評判が良くなり、結果的に社員がすごく元気になる。

採用の役に立つだけではなく、社員が元気になり、組織が活性化する。その結果、わずか数年で大きく変貌を遂げて、三〇〇人の社員が共通の理念のもとに一つになるという、ドリプラ研修の効果に通じる典型的な事例となっている。

サラリーマンの夢

二〇一二年には本格的に社内ドリプラを展開するため、最幸経営研究所を一般社団法人化。研究者上がりのため、営業は苦手の彼が現在、楽しげに夢を語り、社内ドリプラを展開しているのは、仲間ができたからである。仲間と一緒にやるため、いい加減にやっては周りに迷惑をかける。逆に、仲間がいることによって、自らの足りない部分、弱点を補って余りある。

篠田代表にとって、それは一人のヒーローの時代から、ゴレンジャーという最強のヒーローの時代への転換である。

「古来東洋では、一人ひとりが天意に従い、それぞれがもって生まれた個性と能力を活かしきることで、集団は安泰となり成長発展すると信じられてきた。その根本思想はバランスと循環であり、競争ではなく共創である。今こそ、この知恵に学び、働く人々が夢を持ち、自分たちの個性と能力を最大限に活かし、自然のバランスと循環で成長する社会を共に創りたいと思う」と、最幸経営研究所の設立趣意書の一節には書かれている。

具体的な事業内容としては「社内ドリプラ研修」「ビジョンムービー作成研修」「最幸経営実践塾」といった研修事業の他、経営コンサルティング、起業支援、各種セミナー、講演会などが用意されている。

現在は社内ドリプラ研修が中心になっているが、それも「ドリプラをプレゼンだけで終わらせるのはもったいない」との思いから。一般企業や組織に展開して、実利として例えば収益性を上げる、あるいは社員が喜んで仕事に取り組むなど、それが転機になるといった効果を期待してのことである。

大企業のケースでは、夢を問われてその多くは語るほどの夢はない。そんな彼らが思い描く夢は、当初は「モノレール通勤がしたい」「新しいオフィスに入りたい」といった、要はサラリーマン生活の不満でしかない。

ドリプラ研修では、それらをすべて受け入れるところから始まる。彼らの夢をメンターと称する支援者が一緒になって考え、応援する。その過程で徐々に夢というよりも、現状に対する不満であることにプレゼンター（発表者）も気がつく。同時に、大企業という経営資源が豊富な会社に所属している恵まれた立場であることも見えてくる。

それを生かすにはどうすればいいのか。やがて彼らなりの夢を探し始める。環境問題その他、多くの問題を解決する、大企業の役割ともいえる大きな夢も生まれてくる。

CO_2の出ない船をつくろう。メガフロートの技術を用いて洋上の発電所をつくろう。走るだけで水が浄化される船をつくろうといった様々なアイデアが誕生する。

結局、プレゼンの完成がゴールではなく、その過程で人が変わっていく。チームが、組織が変わっていくことによって会社が変わっていくわけである。

大企業の力

「残念ながら、夢を語っただけで終わってしまうケースもあります。ただ、どの会社もドリプラ研修で語った夢がゼロになることはないので、ある夢を語ったら、それが形を変えて続いていたり、そのチームが別の何かを始めたりといった変化が、必ず起きてくる」

そんな社内ドリプラ研修を展開する篠田代表の「夢」は、熱い思いが結実した社内ドリプラ研修の将来像としてある。

「たくさんの企業で社内ドリプラが行われていて、その企業間で相互支援をやっている姿が見えているんです。ゴレンジャーの企業版で、お互いが得意なところを補い合って、相互支援する。これまでのような競争ではなく、お互い応援しあう。そうじゃないと、大企業は氷河期の恐竜同様、体を大きくすることによって、結果的に厳しい時代には耐えられずに絶滅していく。恐竜の前では無力であったはずの哺乳類が生き延びたのは、心に熱い思いをもっていたからです」

こう、篠田代表が「夢」の力、熱い思いの重要性を語るのも、大企業の持つ力、影響力が大きいことを知っているからである。

「多くの経営資源を持っている大企業が、本気になって社会を良くしようと思わなければ日本は良くならない。そのためには会社の枠を越えて、環境問題、人口問題、資源の問題に取り組もうと、お互いの夢と力を持ち寄ったら、すごく良くなると思う。何て、甘っちょろいこと言ってますけど」と、彼がそう語るのは、社内ドリプラを展開する中で、日本を代表するお固い会社が、確実に変わる姿を目の当たりにしてきたからでもある。

まさに将来はいい夢が描けている。だが、そこへ至る道はまだ遠い。そんなもどかしさがある。夢の実現に向けて、ドリプラ研修を広めるための篠田代表のチャレンジが続く。

＊　＊

私のドリプラ体験

社内ドリプラについて取材することになったのは、たまたま新潟大学のイベントで「ニイガタドリームプランプレゼンテーション」（新潟ドリプラ）の池野比呂史事務局長から「学生ドリプラ」のチラシを渡されて、二〇一五年の「学生ドリプラ」に興味を持ったため。大学生だけのものかと思った学生ドリプラに「今回は中学生と高校生が参加する」と聞いて見に行ったのが、いわば私の「ドリプラ体験」である。

「学生版」があるなら連載の「ベンチャー発掘！」で取り上げるのに相応しい企業版のドリプラもあるのではないかと思って見つけたのが「社内ドリプラ」を展開している最幸経営研究所である。

早速、池野氏に仲介をお願いして、ついでに取材の参考に学生ドリプラを見に行ったわけだが、オブザーバーのつもりが、学生プレゼンターをサポートするメンター役にされて、最終的な夢のプレゼンに相応しいストーリーづくりを応援することになる。

そのドリプラ体験はなかなか貴重なものだったが、数カ月間で、当初の漠然とした夢が本当に自分の夢に相応しいものなのか、周りの大人の意見や学生仲間の指摘などを通じて夢がいい意味で変化していく。

その体験からわかったことは、夢は簡単に持てるようで、持つに相応しい夢かどうかは、案外自分ではわからない、そんな印象である。ドリプラは夢を磨き上げてムービーにして、見る者に感動を与えるだけではなく、周りのすべてを変えていく。

磨かれて、一人よがりの夢が、周りの人たちの力や思いまでを取り込んで、育っていくとき、本当の夢の力が発揮される。

「夢しか実現しない」

雑誌掲載後に制作されたパンフレットには、表紙に大きく「夢しか実現しない」とのキャッチフレーズが筆で書かれていて、中を開けば最幸経営研究所の会社概要がコンパクトにまとめられている。そして、最幸経営研究所が投げかけるメッセージが目に飛び込んでくる。

そこには「夢を語らなくなったのは、いつからだったろう？」とあり、その問いかけに対する答え「夢にはパワーがある。」と書かれている。

〈誰でも、最高の人生を送りたいと本当は思っている。

でも、最高の人生を送っている実感のある人はどれだけいるだろう。

誰でも夢を見る。夢なら見ることができる。

誰にも強要されずに。誰にも指図されずに。

夢は最高の人生に到達するためのナビ。

自分のナビに目的地をセットしよう。

あとは走り出すだけだ〉

その後に続くコピーが「クルマはガソリンで走る。ヒトは夢で走る」というもの。夢はエネルギーなのである。

〈私たち最幸経営研究所は、人の力を信じている。

人が成長するのは、自分で氣づき、自分の力で成長しようとした時。

だから、何も教えない。

本来誰もが持っている、思い、やさしさ、しまいこんでいた感情。

それらを「表に出していいよ。」とサインを出すだけ。

その結果は、下の写真のみなさんの顔。〉

と、笑顔の集合写真が掲載されている。

夢の見方を知らないと、いまの時代、ビジネスシーンのあらゆる面で取り残される。例えば、販促ツールが有効かどうかは、動画を使うにしろ、活字媒体を用いるにしろ、夢の何たるかを知らなければ、相手を説得することはできない。

そこでの伝える内容はＡ４以内で、しかも文字数は少なければ少ないほど有効である。言葉としては、ポエム（詩）が一番有効だが、もっと有効なのはラブレターである。映像もあれもこれもという、こちらの都合でなく、相手の立場を考えた上で、五分以内にまとめる努力をする。ここでも有効なのは、音楽・映像・色そしてコピー（詩）、要するにアートである。

アートはどんなに言葉を連ねても、どんなに時間を費やしてもなかなか伝わらないものでも、一瞬に伝えるだけの力を持っているからである。

その力の源泉は夢である。愛と言ってもいいかもしれないし、詩心＝アートの心があるかどうかである。

「社内ドリプラ」の参加企業、経験者が楽しそうなのは、そのことを実感しているからである。夢を持てて、愛を育てて、ラブレターを送って、その返事を自分が受けとる、そうしたいわば相思相愛の関係を共有できるからである。

社内ドリプラフェスティバル

最幸経営研究所の社内ドリプラは、その後、社内ドリプラ研修を受けた企業が集まって「社内ドリプラフェスティバル」というイベントが開催されるなど、大きな変化を遂げている。

これまでドリプラ研修を行った業界も規模もちがう五社ほどが集まって、それぞれの会社のチームが自分たちの夢を語り合うというもの。ドリプラの世界大会とは規模的には足元にも及ばないが、その社内ドリプラ版のようなものだ。

年に数回やることによって、夢はさらにバージョンアップしていく。

小説や映画の中にあるフィクションの世界の夢は、その世界に浸るとき、辛い仕事や生活に追われるという厳しい現実を忘れるには役立つが、覚めればまた、次の夢が欲しくなる。本当の自分の夢ではないとの現実があるのに対して、社内ドリプラでの取り組みは、仮に最初はたわいない夢だとしても、その夢が具体的な形になって、自らを変え、周りを変えていくことが実感できる。そのストーリーがプレゼンそしてムービーになって、目に見えるものとして残っていく。

そこにあるのは「実現すべき夢」の原型である。それは、すでによくある夢とは異なる、本当の夢になっている。本来、夢や愛とは無縁なはずの研修の一環としての「社内ドリプラ」の意外な効果である。

第4章 すべての道は神に通じる

■■世界に欠けている和の力をメッセージする■■

注目のベンチャー10

木の伝統文化を伝える「古民家再生」に取り組む有限会社「金沢設計」

赤坂攻社長／石川県金沢市

建築としての持続可能性

サスティナビリティ＝持続可能性は、衣食住という人間の暮らしの根本である「住」をとっても、その必要性は変わらない。

日本には世界遺産の木造建築がある一方で、狭い国土に人口密度が高く、多くの人間が都市に集中することから、住む家に余裕もなく「ウサギ小屋」と言われたこともある。

そんな日本の住宅も、洋風化しプレハブやツーバイフォーが登場。最近では機能性を付加したスマートハウスなる住宅もある。集合住宅もアパートからマンションへと、だいぶ進化している。だが、かつての暗さや不便さが解消されて日本の住宅もずいぶん明るく便利になったと満足してばかりはいられない。「日本の住宅はバラックだ」と語ったフランスの大統領もいれば、爆買いの中国人が日本の住宅の小ささに驚いている。

それにしても、なぜ「ウサギ小屋」と言われ「バラック」などと言われることになってしまったのか？

欧米人の目からは「バラック」に見えても不思議はないが、実は昔はそうではなかったというのが、往時の日本の家を知る一人として、古民家再生に取り組む「金沢設計」の赤坂攻社長である。

二〇年ごとの伊勢神宮の遷宮や六〇年ごとの出雲大社の大遷宮が教えているのは、そこに日本の知恵である木を生かす建築技法と再生（リサイクル）の思想が木の伝統文化として息づいていることである。

その日本で木造和風建築は国産材の高騰など、経済的事情もあって、いわゆる欧米がモデルのライフスタイルから徐々に排除され、和の大工・職人技も廃れつつある。

事実、ブームとなっている古民家再生の先駆けとして、持続可能性について考える機会の多い赤坂社長が語る日本の古民家の在り方は、日本から失われつつある木の伝統文化の危機そのもの。ブームの実情は必ずしも歓迎されるべきものではないという、その背景にある日本の住宅業界のコスト競争をはじめとした実態、その結果の住宅・家屋の変質を嘆く。

それは程度の差こそあれ、初出のビジネス情報誌『エルネオス』の「ベンチャー発掘！」（二〇一四年四月号〜五月号）掲載当時と、さほど変わりはない。

＊　　＊

古民家ブーム

本来、日本の木造建築技術は世界一である。法隆寺、正倉院など、世界最古の木造建築を誇る。もともと地震が多く、夏は蒸し暑い日本の気候風土では、家もまた自然と呼応する。そんな木造住宅の利点が、古民家再生ブームの中で、改めてわかってくることである。

古民家は四季折々の行事や伝統文化と密接に関わる、長い歴史の中でつくり上げられてきたこともあり、一年に一回しか使わない部屋もある。

その伝統文化が明治以降の西欧化の過程で効率とコストの面から無駄なスペースとして切り捨てられ、単なる「モノ（商品）」としての今日の住宅ができあがる。そんな「モノ」としての住宅は、二〇年、三〇年で取り壊されていく。行き過ぎた文明の発展は効率的ではあっても、そこに永遠の安らぎを得ることはできない。現代人が息苦しさを覚えるようになるのも不思議ではない。

事実、欧米世界で見られる大きな流れの一つが、自然回帰であり、自然に優しい持続可能なエコロジーでエコノミーな生き方、社会の在り方である。日本でも古民家の風土に合ったデザインは生かしつつ、現代生活に必要な機能をプラスする古民家再生が静かなブームとなるのは、当然の流れだろう。

「文明と文化はクルマの両輪のようなものですが、今の建築って文明なんです。一方、文化を大事にした建築が、まさに古民家です」と語るのは、一九九二年七月、石川県金沢市で「アカサカ設計工房」を開設、古民家再生をスタートさせた赤坂攻社長である。

赤坂社長は、哲学者・和辻哲郎の「一国の文化ないし美意識は、その国の風土に根ざす」といった言葉を引用しながら「古民家には地域の自然や気候風土に育まれ、生活や行祭事、礼儀作法に密接に結びついた美しさがある。古民家こそ、日本人が創造した日本の住文化の傑作です。無駄なところは何もない」と強調する。

神様のデザイン

古民家再生は一般的に行われているリフォームとは、根本的に異なる。効率と見た目を優先するリフォームは、基本的に古くて傷んだ部分の応急処置でしかないが、古民家再生の場合は次の一〇〇年の命を考えながら、基礎から軸組みに至るまでの構造的補強を行った上で、その民家の持つイメージを壊すことなく未来へとつなげる。

赤坂社長にとって、古民家再生は単なるビジネスではなく、日本人の生き方、その伝統文化を伝えることで、核家族化が進む現在の日本の家族の在り方を変えることにまでなるとの強烈な使命感に裏打ちされた、極めて革新的なベンチャーなのである。

いわゆる古民家の魅力について、古民家を一般的な商品と比べてみると、よくわかるのがデザインの本質的な違いである。

古くなるモノやデザインと、古くならないモノやデザインのちがいとは何か？

「われわれはデザインの中で生まれてデザインの中で生き続ける」という広告デザインの大家・佐野寛氏（アートディレクター）は、近代以前、そのデザインの多くは自然や気候風土と密接にからんでいたため、いわば神様のデザインの中に生きていたのだが、それが二〇世紀にはすっかり変わってしまったと嘆いている。

多くの商品は、当たり前だが、完成時が最高の状態で、その後は古くなり、劣化していく。建築も同様で、著名な設計者（デザイナー）がデザインした現代的なビルや住宅も、完成と同時に老朽化が始まる。

古民家も同様に思えるが、明らかにちがっているのは、一〇〇年の命を生きてきた古民家は再生することによって、その後の一〇〇年の命を持つということである。

つまり、本来は神様に代わってデザインをするのが優れたデザイナーの仕事であり、デザインを考えることは環境を考えることに直結する。

神様のデザインと設計者個人のデザインのちがいは、そこにある。同時に神様のデザインは多くの設計者個人のデザインのように、自らを主張することはない。

具体的には、古民家再生は家に使われている木や家そのものの「声」に耳を傾ける。そこにはもともと命ある木のなりたい形がある。そして風土に根ざして、その伝統文化の中から理想型となる家の形ができてくる。そこに古民家再生の神髄もある。

降幡廣信氏の仕事

赤坂社長は一九五六年、石川県七尾市で生まれた。後に、古民家再生のパイオニアである降幡廣信氏（降幡建築設計事務所所長）と出会い、古民家再生への道を歩むのも、もともと築百年以上という古い民家に生まれ育った原体験があったからである。

一九八〇年に明治大学工学部建築学科を卒業後、三宅伸秀建築研究所に入社。公共建物の設計に携わる中で、いつしか彼は息苦しさを覚える。

会社が手がける箱物のビルは、当時の流行りではあっても、自然豊かな田舎の古民家に育った彼には、窓も開けられない窮屈な牢獄でしかなかった。

「子どものころ、梅雨時には蒸し暑いから窓を開けて、雨垂れがポチャポチャ落ちるのを見ながら風流だなあと思っていた」

そんな子ども時代を思い浮かべながら、彼は社長に「私のやりたいこととは、どうも違う」と言って、最初の会社を辞める。

そこで「木造建築をやっている設計事務所でも当たってみるか」と思って、たまたま建築雑誌で見つけたのが、降幡建築設計事務所（本社・松本）の募集広告である。

同社が掲げる「私たちの理想」には次のように書かれている。

「恵まれた自然環境だからこそ持てる澄んだ心。日本の各地で働くからこそ学べる多様な知恵。多様な所員の集まりだからこそ備わる互譲の心。生み出せる、環境と人と建築の調和。これが私たちの願いです」

東京支社に入った彼は、親子ほど歳の離れた温厚な降幡廣信所長の下で「この人について行けばまちがいない」と直観したという。事実、降幡氏の手がけた古民家を見た時に、彼は感動のあまり「ウォーッ！」という悲鳴を上げた。

それが現代建築家・清家清氏の夫人の実家（埼玉県）である。立派な古民家が多い中では、どちらかと言えば質素な建物の一つだが、夫人が高名な夫ではなく、降幡氏を直々に指名して再生したものである。

驚きの理由を、彼は「多分、私が古い民家に育ったから、直し方の素晴らしさを直観的に理解したんですね。降幡という人の仕事は、どこをどう直したかわからない。ただ、昔ながらのイメージを壊さずに、暗くて寒くて不便という昔の民家の暮らしづらさを明るく便利で生活しやすいものにしている」と、解きあかす。

そこに今の建築家との根本的なちがいを感じたからこそ、彼は今も降幡氏の理想を継ぐ者の一人として、降幡建築設計事務所の金沢分室の役割を担っているわけである。

グッドデザイン賞

東京での生活が続いたが、一人っ子の彼は東京で骨を埋めるわけにはいかない。早く郷里にもどれという両親の思いを酌んで、石川に帰った彼は一九九〇年一月、金沢で最も大きな建築設計事務所の「五井建築設計研究所」に就職する。

勤めていたある日、降幡氏から電話があった。金沢の古民家再生の仕事があるので「君のほうでまとめてほしい」という依頼である。

「私は今サラリーマンですから無理ですよ」という彼に、降幡氏は「会社を辞めて、やったらいい」と、穏やかな口調で独立を促す。

だが、当時は古民家再生など北陸では誰もやっていないマイナーな仕事である。

「どうやって生活していけるんですか？」と言う彼に、降幡氏は「大丈夫だ。パイは小さくても、それを独占すれば、仕事はいくらでもある。ウチなんか全国にまで手を伸ばしている」という。

そんなやりとりをしながら、彼は設計だけを担当して、あとの工事監理は本部に任せるという約束で、降幡氏に協力する。だが、受けたものの、その仕事はアルバイトとしてやるには、あまりにも荷が重かった。

結局、東京時代の三宅伸秀建築研究所の同僚であり、一足先に金沢に帰っていた現在の共同代表の高川順生氏に協力を要請するなど、周りの助けを得て、何とかまとめ上げることになる。

当時を知る高川氏は「勤めながら図面も描いてとなると、さすがに大変で『もう、死ぬかと思った』って言ってました」と、当時の赤坂氏の仕事ぶりを語る。

「辞めるつもりはなかった」という赤坂氏も、いざ着工する間際になると「これだけやった仕事を人に任せるのか」と思って、結局、会社を辞めて自分で工事監理することになる。

その仕事を機に独立した。だが、独立したといっても、一人ではなかなか仕事が捗らない。そこで、高川氏にも応援を頼んでいるうちに、やがて高川氏との共同経営である有限会社「金沢設計」として、本格的に古民家再生に取り組む。

しかし、それからが大変であった。

その大変さを赤坂社長は「最初はどこに行ったって詐欺師か変人扱いです。そんな古いものを直して、良くなるわけないだろう」と言われ続けたという。そこには消費は美徳であり、古いものは遅れていて悪であるという根強い信仰があった。

「仲間うちばかりか、建築業界でもバカにされました」と、創業時の世間の見方を嘆く。

そんな困難な状況を、いかにして打破するか。古民家再生による家づくりを少しでも啓蒙していくため、赤坂社長が試みたのは、各種建築に関する賞への応募であった。

ある有名な建築家の本を読んでいた時、成功の秘訣に「どんな小さな賞でもいいから取りまくれ」と書いてあった。お金がないと、宣伝ができない。そこで「賞を取りまくって、少しでも目立つことだ」というわけである。

なるほどと思った彼は、早速、手当たり次第の賞に応募した。金沢には景観保全を考える建築関係の賞が多いことも幸いしたが、仲間には「節操のない賞の取り方だ」と揶揄された。

一九九五年、降幡建築設計事務所金沢分室の仕事で「金沢都市美文化賞」を受賞したのを皮切りに、同じく金沢分室の仕事で、一九九八年の「とやま市都市景観建築賞優秀賞」を受賞する。一九九九年には金沢市の「宝生寿し」の仕事で、グッドデザイン賞をはじめ金沢店づくり大賞など七つの賞を独占するなど、まさに「節操のない」と言われる受賞ぶりとなる。

何でも一番になることは重要である。グッドデザイン賞四つを含む六〇以上の賞を取ったことで、恐らく「金沢で一番賞を取った」金沢設計は、受賞が一番の啓蒙活動となり、少しずつ仕事の依頼が来るようになる。

テレビその他、あらゆるものを利用して、今日の古民家再生ブームへと向かう。同時に金沢・古民家リサイクルの会（古民家バンク）、さらにはＬＬＰ（有限責任事業組合）古民家再生の会の設立など、金沢を拠点に、古民家再生を手がけつつ、その普及のための職人の養成並びに啓蒙活動を積極的に展開するようになる。

金沢職人大学校

「加賀百万石」の金沢は日本を代表する工芸王国である。九谷焼、輪島塗り、金箔など、固有名詞を聞いただけで、石川県名産に結びつく。重要な観光資源でもあり、行政も伝統文化や職人の技の伝承を積極的に支援する。

古民家再生もそうしたものの一つであり、建設関係の賞が多いだけではなく、古民家再生を促進するための助成金制度もある。

一九九六年には伝統的な職人の技の伝承と人材の育成のための「金沢職人大学校」が設立される。開校にあたり、中心となった山出保・前市長は「歴史的資産を生かした建築文化と市街地の再生に関する貢献」を評価され、二〇〇〇年度の「日本建築学会文化賞」を受賞している。

「北陸の古民家って、とても文化レベルが高くて、多分日本で一番美しくて立派です」と、赤坂社長が語るのも、長い歴史と伝統があってのことである。

二〇〇五年には金沢職人大学校の修復専門科（三年）を修了。「文化財の修復までできる専門的な知識を学んだ」というが、当時は職人大学の卒業生が、その技術を生かす機会などほとんどなかったため、メンバーを募り、二〇〇八年に「古民家再生倶楽部・北陸」を設立。伝統技術と職人の知恵を受け継ぐプロフェッショナル集団を目指すなど、北陸地区での古民家再生の受け皿づくりも試みている。

地道な活動の中、徐々に古民家の良さが見直されるようになり、今では古民家ブームを象徴するように、全国に古民家再生に関する組織団体や設計・建設会社ができている。

だが、ブームになれば、そのマイナス部分も目につくようになる。

「再生を謳いながら、次の世代につながらない破壊に近い直し方をするものが増えてきたんです。古民家再生が世間に知られれば知られるほど、金儲けで参入する工務店や何も勉強していない設計者が好き勝手にやって、かえって問題になっている。町家バブルになっている京都など、最悪の状況です」と、赤坂社長は古民家再生の現状を危惧する。

そうした再生に欠けているのが、再生の基礎となる「構造補強」である。彼は降幡氏から「構造補強をちゃんとしないと再生とは言わない」と、厳しく教えられてきた。

ところが「みんな逆なんです」と、予算の関係もあり、再生が体のいいリフォームになっている現状を嘆く。

もう一つの問題は、自己主張に熱心な現代の設計者（デザイナー）が古典を勉強せずに自分のイメージで、勝手に伝統や和風の「引用」をすることだ。長い歴史の中で育まれてきた伝統文化を無視した、一見無駄のない効率的な空間は目新しさはあっても、やがて居心地の悪い建物になっていく。

古典とは古民家造りに集約された歴史と伝統文化に関わる生活スタイル、いわば作法を伝える教科書である。過去から現在に通じる価値の確立されたクラシック＝スタンダードである。その作法を知らないと、不要のスペースとして床の間のない民家ができてくる。

そうした事例を嫌というほど見てきたからこそ、赤坂社長は正しい再生の在り方を厳しく追求する。現在の古民家ブームに対する批判は、彼なりの使命感の表れでもある。

ビフォーアフター

住宅業界でも単なるリフォーム（改築）から、再生に近いリノベーションがブームになっている。住宅の買い換え需要がある中、手垢のついたリフォームという表現より、イメージがいいこともある。

ここでも、問題は「ちゃんとリノベーションしないことなんです」と語る赤坂社長は、テレビ番組や住宅雑誌を例に上げる。

「スペースをはじめ予算や工期など、ないない尽くしの中でのリノベーションだとしても一番の問題は昔のイメージの継続をしないと、それまでそこに住み続けた意味がなくなることです。再生は過去・現在・未来と継続してつながっている。過去の思い出があるから価値がある。ところがマスメディアでよく見かけるリノベーションは新築の発想なんです。現在と未来しかない」と、断ずる。

そんな時代の危機に直面して、古民家再生が逆に日本の伝統文化の破壊につながることを案じた人物が、ある日突然、訪ねてきた。

「設計者や建設会社に古民家再生の手法を教えてほしい」

そう言われて、赤坂社長が始めたのが、二〇一〇年八月にスタートした「学んで民家・すまい塾」なる勉強会。現在の「ＬＬＰ（有限責任事業組合）古民家再生の会」である。

毎月一回、金沢設計が手がけた古民家再生の現場を見せながら、直し方の説明をする。設計者や建築メーカーの技術者が中心だが、一般にも開放しているため、古民家再生に興味がある人などもやってくる。

「一般の方が勉強していれば、つくる側もごまかしが効かないから、もっと上を目指すようになる。そんな相乗効果もあって、面白いことに『ウチの再生もやってほしい』という形で仕事につながっていく」と、その手応えを口にする。

実際の古民家再生を始めるに当たって、赤坂社長は「カルテをつくる」という言い方をする。医者が検査や診断をして、治療を施すように、古民家を補強、修理しながら、現代の洋風化した生活にアレンジする。建物を見る医者である。

樹医その他、内匠の技を持つ、その世界の医者が脚光を浴びる時代。同じ医者でも古民家相手の場合は、瀕死状態のものを住めるように直すため、その手腕に驚き、評価され感謝もされる。

多くの古民家は、新しさが求められ、消費が美徳とされる時代に、住む者のないまま放置され老朽化して、次々と取り壊されている。

一方、近年の古民家や田舎暮らしがブームになる中で、古くても本当に良いものを再評価し、地域文化を見直す動きもある。実際に自然な生き方に憧れる熟年夫婦や都会人が古民家を探しに来る。だが、何事も理想と現実の落差は大きい。

無料の古民家とタダ同然の土地があっても、すぐに生活ができるわけではない。直して住むには、新築と同じぐらいのお金がかかることもある。それ以前に、実際の古民家を見て大半の人は絶句するという。

老朽化し、廃屋にしか見えない古民家は、素人目には単なるボロ家でしかない。どうやったら、再生できるのか。

富山県砺波市の石臼挽き蕎麦「福助」のケースでは、移築前の古民家は豪雪のため屋根も落ちて、倒壊寸前という状態であった。

現物を見て、さすがにみんな「直せない。ダメです」という。赤坂社長自身、全壊状態の古民家を直したことはない。それでも、彼は「大丈夫です」と断言した。

「なぜ、大丈夫と言えるのか」と問われて、「日本の木造建築に携わる職人の技は世界のトップレベルです。私は彼ら職人の力を信じているんです。彼らに直せないものはない」と答えた。

その結果、再生できたのが五百数十坪の敷地に、大駐車場、庭園付きという建築面積七七坪の「福助」である。

多くの古民家再生物件は、廃屋同然のボロ家が正しい知識を持った設計者と熟練の職人の手によって、再生する。そうやってできた古民家だからこそ、次なる一〇〇年に向けた新たな命をつないでいく。古民家再生における正しい「ビフォーアフター」というわけである。

古民家の不思議

「最近わかってきたんですけど」と前置きして、赤坂社長は、次のように続ける。

「自分のためにやるから安普請でいいんです。二〇年持てばいい。それを子どもや孫、子孫のために残そうと思うと、多分誤魔化せない。そんな気がしてきました」

自分一代でなければ住宅ローンも二世代で返していくことができる。子や孫のためにしたつもりが、実は自分のためにもなる。

「核家族化の時代になって、今では家族も地元に暮らす親と都会に出ていく子どもという具合にバラバラですけど、実は古民家再生をやると子どもたちが戻って、三世代同居の大家族制になる」と、赤坂社長は興味深い事実を指摘する。

二〇〇九年のグッドデザイン賞のＮ邸は、元々は古民家を壊して、コンパクトな家を建てようと思っていたという夫妻が、歳を重ねるに従って、自分の生まれ育った家を潰すのが嫌になってきた。そんなある日、テレビで金沢設計が手がけた古民家再生を知ったことで、相談があってから五年の歳月をかけて完成させた。

暗い、寒い、使いづらい古民家が、現代風に明るく快適で使いやすいものに再生することになり、横浜に住んでいた息子が「金沢に帰り、家業を継ぐことになって、土蔵を再生したり、建物を移動したり、家族間のプライバシーを確保しつつ、三世代八人家族が同居する。

再生して六年になる家に「大満足です」と語るN夫人は、小さな孫たちに手を焼きながら「これが主人と二人やったら、会話もなく熟年離婚の危機になっていたかもしれませんけど、小さな子がいると、気分は明るいです」と、冗談交じりに大家族制の良さを語る。

不思議な古民家の力だが、実はそうした話がゴロゴロある。

そんなところから、もう一歩進めた提案も行っている。二〇一〇年二月に、小冊子「いしかわの森の木の家」の制作に携わったのも石川県産の杉の木を使った木の家をつくろうとの啓蒙活動である。

古民家再生とともに、伝統文化の伝承に尽力する傍ら、二〇〇九年からは金沢工業大学で非常勤講師を勤めている。授業では建築の話もするが、自分の勉強を兼ねて一九七二年に初版の出たローマクラブ報告書「成長の限界」も教材にする。

世界的に話題となったレポートだけに、二〇年ごとに検証結果が出ている。そこに書かれている「成長の限界」は、まさに現代にリンクする内容であり、建築面でも考えさせられることは少なくない。

環境保全と地球温暖化の問題から、建築の長寿命化が求められる時代。実は彼が取り組んできた古民家再生こそ、サスティナブル建築の典型というわけである。

漆塗りのマンション

最近も「郷愁のからぶき古民家」と銘打った「木工芸からくり仕掛けオルゴール」がおよそ七万円で売られ、全線開通なった岩手・三陸鉄道に古民家の内装を施した「お座敷車両」が登場する時代である。

古民家の良さが認知される時代になって、「古民家の活用はこれからもっと増えると思う」と語る赤坂社長の表情も明るい。

老人福祉施設や公民館などの公共施設でも古民家の活用が進んでいる。環境の劇的な変化が老人にとっての惚けの一因であることから、慣れ親しんだ古民家を活用した施設は老人にとって精神医学上も良いと言われている。

他にも「北陸の地域ブランド『漆』の建築における活用」の企画書をつくって、北陸の古民家では一般的で安価な「ふき漆塗り」の家づくりを提案している。近代、多くの団塊の世代の高齢者が都会のマンションに移住しているが、便利ではあっても、ホテルのような内装ばかりでは「終の住処」としては寂しいところから「マンションにも漆塗りを使った落ちついた和の空間を」というものである。

地域ブランドとしてうまく発信できれば、それが地域の活性化および伝統的技術の伝承にもつながる。

赤坂社長は「どこかのマンションメーカーがモデルルームを一つつくれば、話題になると思う」と、その熱い思いを語る。

古民家再生の先駆者の一人として、建物の医者として、大学でも教えると同時に、若い仲間を募って、さまざまな提案も行ってきた。その意味では、赤坂社長自身が一連のブームのプロデューサー兼推進役を担ってきたわけだが、何から何まで一人でできるわけではない。ブームの中だからこそ、それに相応しい新たなプロデューサーの登場を期待したい。

＊　＊

クレーマーになるユーザー

日本の住宅の変質には、様々な理由があるが、大きな変化の一つは輸入材が利用されるようになったことである。

なぜ、輸入材は良くないのか。気候風土を考えれば、地産地消が本来あるべき経済・生活の姿であるが、そうも行かないため、北米やロシアなど寒い地方からの輸入材が使われる。

気候的には問題なさそうに思うが、実は木も人間と同じ、外敵・害虫・病気等に対する抵抗力つまりは免疫力を備えている。

寒い地方では、腐敗菌や白アリなどの活動力が鈍る。現地では何の問題もないが、日本に運ばれてくれれば、逆にそれが弱点となり、すぐに腐ってしまう。もともと木材が持っている腐りにくい成分や害虫の嫌がる成分が少ない上に、天然乾燥ではなく高温乾燥処理を施す。歪みや反りなどを矯正して使えるようにするためだが、その際、残り少ない有効成分が抜け落ちて、後は栄養の固まりになる。

そうやって、木の性質を壊す形で変えてしまう。

「古民家を直すとき、取り壊しますね。そうすると、つい最近直したところや一〇年前に直したところなど、新しい材料ほど白アリの巣になっている。古い建材は自然乾燥の国産材なので、有効成分も多い。ちがいは、歴然としてます」と、赤坂社長は古民家再生の現場での体験を物語る。

どうして、そんなことになるのか。

赤坂社長は「建主が悪い。クレーマーになっている」と、意外な指摘をする。

家造りは通常、一世一代の高い買い物である。慎重に納得のいくお金の使い方をすればいいのだが、手近な消費財でも買うように、安さを求める一方、注文だけは多く、建築のプロである設計士や職人の意向に従わないケースも少なくない。

そのため、多くの住宅メーカーは我がままな建主に振り回されて、後はいかにクレームをなくすかに腐心する。その結果が高い国産材から安い輸入材を高温乾燥し、しかも日本の環境に無理やり合わせるため防腐剤などの薬品を使用して、ついに修正材・合成材にたどり着く。日本の家が変質していくメカニズムは、他の多くの消費財と基本的に変わらない。

赤坂社長はあるとき、設計仲間から「赤坂さんはお客さんの要望を取り入れて設計してないよね」と言われたことがあった。「建築のことばっかり考えている。次の代にまで受け継がれる建築、一〇〇年生きる建築ということばかりで、そこにはお客さんの存在はない」というわけである。

だが、もちろん本当にユーザーのことを考えているのは、赤坂社長のほうである。本文中に「木のなりたい形がある」ということを書いているが、木や家そのものの「声」に耳を傾けるならば、ユーザーは二の次のように思えるが、そうではない。

ユーザーの要望をそのまま聞くだけなら、何も高い設計料を払ってイエスマンを雇う必要はない。ほとんどの設計事務所や建築メーカーは、半ば客からのクレームを恐れ、また端から諦めて相手のいうことをハイハイと聞いている。本当にお客様のことを考えているとはとても言えないだろう。

しかも、それで日本の住宅が良くなっているのであれば文句はないが、現実には日本なのか、どこなのかわからない、そんな国籍不明の住宅と町並みが全国に広がっている。

新築プラン付き住宅

住宅の建設・再生は地方創生の主テーマである。雑誌掲載後の金沢設計の大きな変化として、赤坂社長は一つ試みているものがあると語る。古民家再生を続けてきて、出会った現実的な課題を設計力を生かした新築によって、いかに解消していくかである。

金沢の町中にも、幅が狭いウナギの寝床みたいな町家が多くある。いまの時代に再利用するためにと、古い町家を取り壊して空き地にするのだが、細長い土地の利用法に限りがあるため、折角取り壊しても売れずにそのままになっているところも少なくない。

そうした土地の利用法は、通常はクルマ一台分の駐車スペースを確保した上で、残りの土地に家を建てるというもの。だが、生活の必要上、手前に駐車場をつくるため、人間的な温かみに欠けるだけではなく、町家特有の景観が台無しになる。

お世辞にも住環境がいいとは言えないため、結局は売れないケースが大半である。

結果、虫食い状態の土地が増えて、ますます衰退するという悪循環になっていく。

「どうすればいいのか」という地方都市に共通する悩みに直面する中から、金沢市の景観に関する審議委員でもある大学教授から持ちかけられたのが、売れない土地を設計力によって、何とか売れるようにできないかという相談であった。

そこでのテーマは景観を整えることと、なおかつ古典的な町家の間取りで車庫を備えているというもの。金沢設計が設計を担当、大学と共同で開発したのが、新築の「金澤型住宅モデル」である。

昔の通りがあって、景観を壊さないまま、生活に欠かせないクルマがちゃんと入る。建物の中には坪庭もあって、夜になれば二階から生活の明かりが洩れてくる。どのような細長い敷地でも対応できる間取りと構造方式になっている。

「古民家再生ばかりではなく、その延長線上に新築で百年受け継がれる平成の民家をつくって行かなければいけないだろうという、その一つの答えのつもりです」

古民家再生はすっかりブームになっているが、その先駆けとして「いい方向に向かっているようには思えない。だんだん悪いほうに行ってます」と語る赤坂社長が、期待するのは古民家の良さを素直に理解している若者そして日本の良さを日本人以上に知っている外国人の存在である。

「古民家再生したものを見せると、いままで新建材のマンションにしか住んだことがなかった若者が『いいなあ』と言う。彼らにとっては、現代日本から失われた日本の伝統文化が息づいている最先端のモダンなわけです」

同様に、古いものの典型として日本人には人気がない旅館や町家、何もない田舎の魅力を、外国人がまずはじめに理解する。

金沢設計の新たな古民家再生という形での取り組みは、かつてあった日本の良さを現代にモダンとして蘇らせるベンチャーのようなもの。大学の非常勤講師を勤める赤坂社長は、自らの体験を思い起こしながら、教育の必要性を語る。

「教育が大事だなと思うのは、私が学んだ大学の建築学科でも木造建築・和風建築を教えない。これが日本の建築界の大きなガンだと思う。先進国で自国の伝統文化・プライドを教えない。こんな不思議な国はないと思う」

ブームあるいはファッションの如き古民家再生、地方創生の背景にある問題の根は深い。

注目のベンチャー

11

老舗旅館が伝える日本の「美」と「和」のこころ「あらや滔々庵」

永井隆幸社長／石川県加賀市

日本的なるものとは

日本は「にほん」なのか「ニッポン」なのか、はたまたＪａｐａｎなのか。

パスポートやオリンピックなど、国際舞台での日本の呼び方や外国人に対してＪａｐａｎを使うことに関して「なぜ自国の呼び名（ＮＩＰＰＯＮ）があるのに、英語名を用いるのか」と、特に日本を愛することでは人後に落ちないと思われる保守層から「欧米追随だ」とか「日本人として情けない」といった声も聞こえてくる。

日本の特徴を知れば、その因果関係は簡単にわかる。タテ社会の話から、縮み思考、天皇制、恥の概念、武士道など、古くから多くの日本論、日本人論がある。それぞれが、日本人、社会、思考法などを論じている。そのベースに共通してある日本的なるものとして抽出できる要素は、次の三つに集約できる。

1．神道（古神道）の「すべてに神が宿る」という考え方。
2．陰陽の法則を自然現象とともに思考法のベースにしている。
3．聖徳太子の十七条憲法「和をもって貴しとなす」の教えが身についている。

三・一一東日本大震災に際して、日本が世界に示した東北の人々の姿は、以上の三要素がDNAとして残っているためだろう。

そこには一つの立場にこだわれば、自国の主張を通そうとする国家間で対立が生じて、競争から戦いに至る展開になり、あとは勝つか負けるかという力の論理で支配するしかない今日の世界の在り方とは異なる生き方、生活の知恵がある。

日本がさほど意識することのないあいまいさのゆえに、ニッポン（NIPPON）ではなく、Japanを用いるのは、自らを主張することなく、相手の理解しやすいようにという思いを反映した思いやり、譲る行動様式の一つの表れとなる。決定的な対立を避けるための知恵なのだが、平和憲法同様、その価値とメッセージはなかなか伝わらない。

読み手の力

そうした日本の在り方は、妥協の産物のようだが、必ずしもそうではない。不易流行という変わらないものをベースに、表向き変わりながら、その本質を貫く。基本的にあらゆるものを受け入れて、大きく変容を遂げている日本が、なお世界の中で特異な存在であり続ける理由は、一見、諸外国のものをすべて受け入れたようで、うまい具合に日本的なるものにしてしまう知恵・柔軟性があるためだが、そのあたりの事情はハッキリと言葉にしないと伝わらない欧米人にはなかなか理解してもらえない。言葉にしても日本人のＹＥＳはＮＯだったりするため、混乱もする。

絵本作家・五味太郎氏が「ミッフィー」の絵本で知られるディック・ブルーナ氏の追悼番組（ＮＨＫ）で「絵本は読み手の力だよ。読み手に力がないと本は成り立たない」と語っていた。

作者がつくる絵本は子どもには伝わる。それが、長じて知識を身につけた大人には、なかなか伝わらないものになる。音楽や絵など言葉を使わないアートは、子どもの素直さを失った後は、受け取る側のスキルと読み取る力が要るということである。

老舗旅館に限らず、あらゆる美の世界、伝統文化の在り方も似たようなもの。その本当の良さは案外伝わらない。老舗旅館も業種は旅館であっても、実はその内容・在り方は千差万別。加賀・山代温泉の「あらや滔々庵」（永井隆幸社長）には、あらや滔々庵ならではの独自の世界がつくられている。

それは「温泉」「老舗旅館」「十八代目」と、どれをとっても〝ベンチャー〟というイメージとはほど遠いものだが、北大路魯山人が長逗留したことで知られる「あらや」は、魯山人の生き方にも通じる気負わずして変幻自在という、しかし強靱な意思を貫くために譲らない一線を感じさせる凜とした姿勢が感じられる。

そうした美と伝統文化をいわば武器の代わりに手にして、極めて二一世紀的な戦いを続けている。だからこそ、価値がある快進撃なのである。

まずは、その二〇一七年三月～四月号の「ベンチャー発掘！」を再録する。

＊　＊

週一回の休館日

二〇一六年に日本を訪れた外国人観光客は約二四〇〇万人。爆買いの中国人団体客に振り回されたインバウンドブームも一段落とはいえ、二〇二〇年の東京オリンピックを前に日本は観光立国の道をひた走っている。そんな中、リゾート後進国と言われてきた日本にも、上質で洗練されたリゾートができるなど新たなステージに向かいつつある。

二〇一四年の北陸新幹線の開通特需に沸いた金沢を中心にした北陸の温泉地も例外ではない。「金沢から、ほんのひと足」の山代温泉も、福井の永平寺や富山・岐阜の五箇山・白川郷、飛騨高山が日帰り圏内という「北陸路のハブ温泉」がうたい文句。星野リゾートが進出している話題のリゾート有力地である。

だが、寛永一六年（一六三九年）創業の「あらや滔々庵」（永井隆幸社長／永井朝子女将）をベンチャーとして取り上げるのは、老舗として全国に名が知られ「一度は泊まりたい旅館」の一つとして、著名人がお忍びで訪れ、時には海外からセレブがやってくるからではない。和の伝統文化を現代に伝える老舗旅館の存在が、現在の日本の様々な状況を考える上で、参考になるからである。

多くのＩＴベンチャーやスタートアップが脚光を浴びる時代だからこそ、二一世紀の今日、本当に必要なものは何なのかを問い掛けているようにも見える。それは二六歳で一八代目荒屋源右衛門を継いだ永井隆幸社長（四五）が、かつて周りがどんどん大型化し、新しくなっていくのに対して、生家である旅館の歴史と伝統が単なる古さにしか見えず、社長自身「当たり前と思っていたものが、実は貴重なもの」と気づくようなものだろう。

居間がリビングになるように、畳や床の間が消えていく。現代の日本の家屋に住む日本人だけでなく、多くの外国人観光客が訪れる中で、由緒ある旅館は古き日本の良さ、和の生活様式を伝える存在である。今や忘れられつつある日本人のしきたり、畳の上での立ち居振る舞い、四季折々の習わしが息づいている。

実際に、格式ある旅館は一歩、館内に入れば、表の賑わいや日常の慌ただしさが消えて、例えばあらや滔々庵では「市中の山居」の佇まいを味わうことになる。そして、そこにある光景や時間が、確かにかつての日本にはあったと、誰しも朧げな記憶を蘇らせ、懐かしさを感じ取る。

もちろん、古いばかりではない。コンビニやネット通販その他、ユーザーには便利な一方、バイトやドライバー不足が深刻化している。昨今、社会問題となっている長時間労働やブラック企業の背景にある労働力不足は、サービス業の宿命でもあり「おもてなし」が基本の旅館業とも無縁ではない。特に、若い年齢層の働き手をいかに養成するかが問われている。

一つのわかりやすい解消策として、あらや滔々庵では北陸地区ではいち早く「週一回の休館日」を、二〇一六年四月から導入している。さすがにカニのシーズンとなる一一月はフル操業となったというが、その分、一二月や一月には三連休になる。

現在の朝子女将は団塊の世代の生まれ。一八代目館主・永井社長の母親である。その女将は社長の決断について「社長がみんなの前で『今年から週一回休館日を取ります』と言ってくれた時、みんな考えてもいなかったことなので、ポカンとして。後で『わぁ、うれしい!』ってなって」と、その時の驚きを語る。

永井社長も「この何年間か問い合わせがあっても、サービスが行き届かなくなるため、部屋は空いているのに、お客様を取れない状況が続いて。さらに北陸新幹線の開通もあり、何とかしなければということで、思い切ってやりました」と、本音を語る。

人手を確保するためのわかりやすい従業員サービスの改善策だが、女将をはじめ年配の従業員の体安めの意味もある。同時に、旅館のメンテナンスがやりやすくなるというメリットもある。

二六歳での社長就任

永井社長は一九七二年一月に生まれた。一八代続く老舗旅館の長男のため、周囲は当然旅館を継ぐものだと見ていた。現在は一九八二年に建てられた鉄筋六階建だが、もともとの生家は木造三階建て。昔からある古い旅館である。

「小さいころは、それが嫌で」と、当時の心境を語るのも、時代は日本の経済成長期。周りの旅館が巨大化されていく中で、あらや旅館は誇るべき伝統格式はあれども、古いまま取り残されていくような寂しさを感じたのだろう。旅館の長男として、地元で暮らした高校時代までは、家を継ぐという意識は、さほど明確ではなかったという。

「もともと先代の父親が病気がちで、女将が一切を仕切っている姿を見て育ったので、正直なところ、自分がやる必要もないかなと考えていた」と語る。そんな彼が旅館業について真剣に考え、家を継ぐことを決めたのは、大学（早稲田大学商学部）時代。地元を離れることで、山代温泉そして旅館について、それまで見えなかったものが見えてきたからである。

「家が旅館だ」というと、みんな「エーッ、いいな」と口にする。実際、夏休みには友達が旅館に遊びにやってくる。「いいなあ」とみんなが喜んでくれる家業は、なかなか貴重な存在である。「何とも思わなかったことが、非常に良く思えてきた」結果、ホテルでアルバイトを続けて、サービス業について真剣に考えるようになる。

卒業後の進路について、上京してきた親から、初めて「家を継いでほしい」と言われて決意。卒業後の一年ＹＭＣＡ（ホテル・旅行業専門学校）に通って、九五年に帰郷する。

どこかの旅館やホテル、旅行関係の仕事につかなかったのは、たまたま阪神淡路大震災があり、山代温泉もまだまだ賑わっていたとはいえ、安閑としてはいられない、大変な状況だったこともある。

「自分の手で山代温泉を、地域を良くする」と意気込んで戻ってきた永井社長には、いろいろやりたいこともある。昔からの慣習から外れることもある。そこから、先代である父親との意見の相違、先代に仕えてきた社員と新旧の対立のようなものも生じてくる。

だが、やる気のある長男に対して、病気がちの父親はあまり力にはなれない。そんな状態が続いた一九九八年、彼は「自分が社長をやる。親父、体を治してくれ」と言って社長になり、父親が会長に就任する。それが二六歳のとき、そのころには古くからの社員はほとんどいなかったという。

当時を振り返って、女将は「体を治してくれというのは大義名分で、キツイ子ですから自分がやりたいようにやるから、任せてくれということだと思います」と、永井社長の意外な一面を語る。

だが、老舗とはいえ、他県では明治天皇の巡幸時、宿泊所となった由緒ある旅館が、惜しまれながらも廃業になる、そんな業界環境でもある。

二六歳で、由緒ある家を引き継いだ身としては、祖先から受け継いだものを守る以上に、次へつなげていく使命がある。一八代目の担うべき責任は重い。その在り方は外国人客にとっては民間外交官、日本人客にとっては「和」の教科書のようなものだ。

社長になって最初にやったのは、旅館名をぜいたくな湯量をイメージした「あらや滔々庵」にしたことである。「温泉の〝湯量滔々〟という字が非常に心に残っている」という宿泊客の言葉をもらって、先代の父親を会長に若き一八代目のベンチャーがスタートする。会長になった父親はそれまでの肩の荷が下りたのか、すっかり健康になり、地域の温泉組合の理事長職に就任。若い社長の後ろ楯となったというから、思わぬ親孝行である。

北大路魯山人の宿

旅館のホームページには「不易流行」の四文字が掲げられている。一八代目館主の決意のようにも思える。

「湯は時を超え滔々と湧き続ける。その在りようは、永遠と流転の根元は一つという芭蕉の『不易流行』の教えにも似ております」と記し、初代・荒屋源右衛門の時代を引き継いで、次の時代に伝えていく。そこにあるのは変わらぬもの、変わるべきものの本質を見極めながら、日々の業わいに生かす、和のプロとしての「おもてなしの心」である。

あらや滔々庵の創業は、加賀大聖寺藩の初代藩主・前田利治公（加賀前田藩二代藩主の三男）から山代の湯の管理を預かる湯番頭の命を受け「荒屋源右衛門」として名字帯刀を許されたことに由来する。藩主は茶の湯を小堀遠州に学んだ趣味人として知られる。

山代温泉の開湯は、神亀二年（七二五年）。温泉縁起によれば、霊峰白山に向かっていた行基上人が、紫色にたなびく雲の行方を追っていくと、一羽のヤタガラス（中国の霊鳥とも言われる）が、水たまりで翼の傷を癒しているのを見つけたことから。後に、明智光秀や加賀初代藩主・前田利家など、時の権力者たちも湯治に訪れている。

大正初期にドイツで開催された万国鉱泉博覧会で金賞を受賞、国際的な評価を得ている。今もあらや滔々庵の温泉の一つ、例えば照明を落とした特別浴室「烏湯」に赴き、一人静かに湯船に浸かれば、霊験あらたかなる湯の力を実感できる。

温泉の湯とともに当たり前にあったものの一つが、北大路魯山人をはじめとした書画骨董などの文化財・調度品である。「魯山人ゆかりの宿」をうたい文句に、ロビーには魯山人が酔った勢いで描いたヤタガラスの衝立が立てかけられ、彼の陶芸作品が飾られている。「あらや」の看板も魯山人作である。

大正初期、魯山人がまだ福田大観の名で活動していた時期に、山代温泉にある窯元・須田青華のもとを訪れて、初めて陶芸に触れ、その手ほどきを受けている。当時、趣味人として知られたあらや滔々庵の十五代も、他の旦那衆とともに親しく交わった。

一年ほど山代温泉で過ごした魯山人が、逗留したのが、あらや滔々庵である。その最初の作と言われる赤絵皿などが、あらや滔々庵にある。

有栖川山荘

伝統が大事なのは言うまでもないが、古さがブランド価値と理想的に結びつかなければ、モダンとはなりえない。ただの使いづらい前近代的なスペースでしかない。「不易流行」の理念を掲げるのも、そのためである。

魯山人に象徴される美に触れ、非日常の諸々を味わい楽しみ、そこに流れる雰囲気に心を通わす。それとは気づかない気配までを感じ取る。上質の文化は訪れる者にも、それなりの素養があってこその楽しみとなる。

夜にバーとして利用されている有栖川山荘は、そんなことを教えてくれる空間である。

明治初期に明治天皇の命を受けて、釘を一本も使わずに建てられた木造の離れ。幕末明治期に、陸海軍の創設に尽力した有栖川熾仁親王とあらや滔々庵との交流のあったことから、建築当時の趣をそのままに改装、熾仁親王にちなんで拝命したもの。館内から渡り廊下を抜けていくと、ほのかな明かりが灯る隠れ家のような空間が、いつもとはちがう時間を演出してくれる。

あらや滔々庵の造りのすべてが、主人の目を通した色や趣味で統一されていることがわかる。

若くして社長になって、一九年。その間、そばで一八代目を見てきた女将は「三つスゴイと思うことがある」と明かす。

一つは、何でもいいと思ったことは、いち早くやること。二つ目は行ける時は、必ず漁場（市場）に行って、魚介を仕入れてくること。三つ目は旅館にいる時は、どんなに忙しくても必ず全室を確認（チェック）に回ること。「その三つは、さすが社長だなと思います。ですから『女将さん！』って、たまにダメだしを食らって」と笑う。

その一九年は、どん底状態から徐々に業績が上向いていくという地道な歩みであった。

「何をしたのか」の答えは、温泉や魯山人同様、あらや滔々庵にあるものを生かすため、当たり前のことを当たり前にやる、その結果だという。

ズワイガニの力

老舗旅館が売り物にするのは、一般的には古き良き日本の伝統文化。日常の続きのようで、日常とは異なる特別の非日常体験を様々な形で演出するおもてなしサービスである。

伝統と現代という相反して見えるものを一八代続ける秘訣は、古さを今に生かすこと。そうすることで歴史や伝統文化、いわゆる古さが現代的な魅力につながる。時代に流されず、変わらない良さをその時代に伝える「不易流行」を追求する工夫がある。

だが、その一方で山代温泉自体、三三軒あった旅館が二〇軒になり、その二〇軒も中身は様変わりしている。そうした時代環境の変化を生き抜く一八代目のベンチャーは、今風の言葉にすれば「老舗としての持続可能性の追求と、その基盤となる山代温泉全体に関わる街づくり・地方創生への取り組み」ということになる。

永井社長が東京の大学を卒業、一年間のホテル旅行専門学校を終えた一九九五年、山代温泉にもどってきた当時の印象は、母親である朝子女将の言葉では「どん底」の状態であった。

だが、世間知らずの若者にとっては、親の苦労などは実感としてわからない。若者らしい自信と楽観を抱いて、老舗旅館と地域の再生に向き合う。「自分の手で地域を良くする」と意気込んで帰ってきて「もっと楽に、楽しく再生ができると、いいほうにばっかり頭が回っていた」というが、すぐに厳しい現実に直面する。

その取り組みはどん底からの地道な積み重ね。今までできていなかったことをちゃんとやった結果である。つまりは当たり前の大切さだが、それはどこでもやっている。業績が上向いていく大きなきっかけは、雑誌で名産のカニが取り上げられたことだった。

「当たり前のカニ料理ですから、いままではそんなでもなかったのが、その時は『あらやでカニが食べられる』と、非常に反響が大きくて」と、永井社長は改めてズワイガニが山代温泉の貴重な宝だと気がついたという。

だが、問題はそれからだった。

「シケが続いたりして、カニを食べにきたお客さんに、あんまりいいカニを出せない日があって。みなさん遠くから来ているので『何だ、これは』と、全員に怒られました。ひたすら頭を下げるしかないので、やっぱりカニを仕入れる力も必要だと痛感しました」と、当時の辛さを語る。

それまでは業者任せだったカニは、善し悪しだけではなく、その日の水揚げによって価格も上下する。そこで、永井社長は次の日、近くの橋立港の市場を回って、数ある店の中から、自分で仕入れる道を開いていく。

当然、それまでの出入り業者を切る結果にもなり、調理部の顔を潰すことにもなる。何より面倒臭い。いろいろ衝突することもあったというが、それを機に当たり前になっていた買掛金を少しずつ減らしていくなど、調理部の改革へとつなげていった。

二六歳で代替わりをして、少しずつではあるが、業績を回復していく。それは周りがどんどん落ち込んでいった中で、あらや滔々庵は逆に少しずつ良くなっていくという歩みである。

露天風呂付き部屋

地元で採れるズワイガニがあらや滔々庵の売り物になることがわかると、永井社長は漁場へ出かけて自前で仕入れる道を開いていく。女将が１．いいと思ったことは、いち早くやる。２．行ける時は、必ず漁場（市場）に行く。３．旅館にいる時は、どんなに忙しくても全室を確認（チェック）に回るという、三つ「感心する」という社長らしさの一つである。

いいと思ったことはいち早くやる、その結果、周囲と摩擦や衝突が起こるのも若気の至りであると同時に、ある程度は許される若さの特権でもある。

少しずつ旅館自体を良くしていく中でわかったことは、決算書や数字上はお世辞にも良いとは言えないながら、あらや滔々庵には数字からは見えない資産が、簿外資産として豊富にあるということ。山庭にあった離れもそんな一つであった。

それを、建設当時の趣をそのままに改装したバー「有栖川山荘」という形で、あらや滔々庵の新しい顔にする。

そうした取り組みの一つひとつが、一八代目として「どういう宿にしたいのか？」と考えた時の答えであり、永井社長が目指す「自分が泊まりたい宿」ということになる。

当然ながら、客は好き勝手なことを言う。事実、いろんな宿のスタイルができてきて、それが人気になる。あれも必要、これもいいというとき、その声に従っていっては、総バナ的にはなっても、あらや滔々庵らしさは消えていく。

そこでの永井社長の結論は「すべてを取り入れることはできない」ということ。結局、湯量豊富な名湯と自分が館主である宿に「一つの芯」としての文化性が感じられる宿が基本になる。文化とは辞書には、例えば「人類の理想を実現していく精神の活動」とある。

その姿勢を貫く永井社長について、女将が「昔から何でも自分でやる子で、マメな男ですから『旅館に女将は二人要らない』と言って、私の仕事はずいぶん減りました」と語るように、一般的に女将のイメージが強い旅館に、代替わりして一九年、今では旅館の佇まい、料理を含めた部屋の造りなど、永井社長の感性で統一されている。

それはいまでこそ一貫性が感じられるが、当初は十分な資金的余裕のない中で、作っては壊すという試行錯誤の結果である。

現在は一八部屋のあらや滔々庵は、永井社長がもどってきたときには二一部屋あった。そのうち一五部屋がお風呂付き、六部屋が昔ながらの狭い部屋。それを一つずつ改装していったというが、なかなか思うようにはいかない。

そんな中、転機になったのが、二〇〇三年に中東で起きたイラク戦争の余波で、国内旅行がブームになり、全国の温泉がクローズアップされたこと。露天風呂付きの部屋が各地にできるようになって、あらや滔々庵でも二つ、三つの部屋をつなげて、温泉を引き、しかもかけ流しにした露天風呂付きの部屋に模様替えをした。

「女将とケンカをしながら、強引にやりました」と苦笑するが、その結果、それまで売れなかった部屋が一番いい価格で売れるようになったという。時代も追い風となって、売上げもアップ、その後は次から次へと改装できるようになったという。

「スタッフも頑張ってくれました」と、感謝を口にするのも、若い当主を支え、温かく見守ってくれた周囲の関係者に助けられたからでもある。

ふたつの総湯

山代温泉全体がどん底の状態の中での代替わりについて、今は「最初、苦労しておかないと、後々何かと大変だろうなと思います」と受け止める余裕がある。

まだ四〇半ばと業界では若手ながら、すでに山代温泉旅館協同組合の専務理事、山代温泉観光協会・街づくり推進事業部部長の他、県の旅館組合の専務理事の要職に就いており、四年ほど前から全旅連（全国旅館ホテル生活衛生同業組合連合会）青年部にも、地域を代表して、副部長や北陸ブロック長として出向している。

山代の街づくりは、業界の将来を背負った一八代目のベンチャーとしての、もう一つのテーマである。山代温泉再生に関しては、別府・湯布院など、多くの再生モデルもある。大分・湯布院が大好きだという女将は、湯布院を今日の隆盛を導くのに尽力した地域のリーダー的存在である「亀の井別荘」の中谷健太郎会長や「玉の湯」の溝口薫平会長と家族ぐるみの交流を続けてきた。

実際に湯布院に子どもたちを連れて三泊の家族旅行をしたこともある。湯布院を見せて「旅館とはこういうもんや」ということを、言葉ではなく伝えたいとの思いからである。

湯布院の隆盛を見れば、当時の山代の町と温泉旅館は、お互い背を向けた状態でいがみ合っている。全国どこの温泉街も似たようなもので、山代温泉の旅館の中に売店を作り、飲み食いできる屋台を作ったりして、宿泊客をいわば囲い込む。

そのツケが残っていたというが、そんな流れが変わるのは、山代温泉でも住民を巻き込んだ「にぎわい再生プロジェクト」が推進されて、源泉のある湯の曲輪（ゆのがわ）の中心にある、北陸の温泉特有の総湯（共同浴場）を新たなシンボルにしたことである。

山代温泉には現在、総湯と古総湯という二つの総湯がある。老朽化した鉄筋コンクリート造りの総湯を明治時代の木造（古総湯）に戻し、隣接する旅館跡地に新しい総湯を建てる街ぐるみの山代温泉再生プロジェクトによって、現在の山代温泉の顔になっている。

二〇〇九年八月に総湯が完成した後、翌年一〇月に古総湯が完成。二〇一一年二月には湯の曲輪の周辺整備も終わって、街づくりの舞台は整っていく。今にして思えば、日帰り温泉の原型のように見える。

二つの総湯は、あらや滔々庵の遠縁にあたる大幸甚・元市長時代のプロジェクトであり、先代も深く関わってきた。多くの人たちの努力があってのことだが、「悲しいかな、目の前に昔から町の人が入る総湯があるのですが、今は若い人が入らなくなっている。ここでは温泉はあって当たり前という感覚なので、温泉に感謝する機会がなくなり、運営維持が難しくなってきている」と、危惧する。

新しい取り組みとして、農業法人を立ち上げたり、前市長時代に、地元の服部神社の祭神の一つ天羽槌雄（アメノハヅチヲ）に因んだＮＰＯを立ち上げて、それが「はづちを楽堂」になっているが、観光面でも必ずしも生かしきれていないのではないかとの思いもある。

自分たちが住みたい町

あらや滔々庵にとって、二〇一六年は加賀市の消防本部から防災・安全面に対する優良施設として表彰されたことが、客を預かる旅館業としては一番の誇りだという。

最近は欧米からの客が増えたこともあり、「ミュランガイド富山・石川版」の旅館部門で〝４レッドパビリオン〟として紹介された他、トリップアドバイザーのホテル・ラグジュアリー部門のトップ一%(二一位)に登場するなど、日本を代表する老舗旅館としての存在感が増している。外国人観光客の増加に伴って、ホテルが増え、民泊が当たり前になる厳しい業界環境で、なお旅館が文化的な存在として価値がある証明のようなものである。

その課題は多くのサービス業同様、働き手である。今後は外国人労働者の力を借りる必要もある。そのとき、彼らの仕事場が生活の場にもなる。そこが住みたくなるような町でなければ、働き手は来てくれないだろうというのが、永井社長の思いである。それは町に住む人間も観光客も同じである。

自分たちの町を住みたい町にする、当たり前のことが、案外、なおざりにされているのが、地方衰退の大きな要因の一つであろう。

地元の会合でも「みなさんの生き生きと暮らしている姿が一番の観光資源になりますから、そこをもっと良くしていきましょう」と語っているという。簡単にできることではないが、先を見据えてやっていかないと明るい展望は開けない。その意味でも「住んでいい町」というのは重要な観光資源である。

あらや滔々庵の将来について、女将は「次の五〇年、一〇〇年に残していけたらと思って。それは何時も願っていることです」と、今日よりも明日、少しでも良くなるようにという思いで旅館業に向き合っているという。

その思いを受けて永井社長も「やっぱり一番いい状態で、次につなげたいですね。宿も会社の状況も」と語り、その先に山代温泉全体の夢を描く。

「最終的にどうなっていくかはわかりませんが、何とか昔の木造のイメージの残る山代温泉のいい時代、一番賑わったころの町並みを再現できればいいですね」

永井社長のリーダーシップが期待される。

＊　＊

一八代目のベンチャー

いわゆるベンチャーとは「ベンチャー企業、ベンチャー・ビジネスの略であり、新技術や高度な知識を軸に、大企業では実施しにくい創造的・革新的な経営を展開する中小企業を指す」と、フリー百科辞典「ウィキペディア」には書かれている。

英語のもともとの意味は「冒険」「危険な冒険的事業」のことである。

冒頭にも記しているように、一八代続く老舗旅館のイメージからは、もっとも遠いイメージがある。せいぜい、山代温泉にも進出している星野リゾートなどが、旅館・ホテル業界における典型的なベンチャーのイメージかもしれない。

その手法はM＆Aによる経営的な手腕と非日常体験を味わえる観光・リゾートの舞台にするた

めのイノベーションであり、そこでの成功が地域起こし・地方創生につながっていく。典型的なベンチャーの在り方である。

その点、あらや滔々庵は星野リゾートとは異なる存在として、地域創生という一つの土俵では、同じ山代温泉の中で競合すると同時に、協力が欠かせない相互補完的な関係にある。

あらや滔々庵を「ベンチャー発掘！」で取り上げることになったのは、近年盛んな光の芸術としてのプロジェクション・マッピングの先駆者であり、内外の世界遺産などを舞台に「デジタルカケジク」（D―K）を展開してきた映像作家・長谷川章氏から「一度、訪ねたら」と言われたためである。

観光ブームとはいえ、旅館業界は体質的な苦境が続いて、一部例外を除いてリストラ、M&Aそして再生が繰り返されている業界環境にある。特に老舗旅館は厳しいと言われる、そんな中で「一八代続く」ということを聞いて、改めて〝一八代目のベンチャー〟とはどのようなものなのか、よくあるスタートアップとは異なるベンチャーの在り方を知りたくなった。

そこには、本書でも再三述べてきた「持続可能性」なる表現では、伝えきれない苦労・使命感がある。何しろ一八代続けば「持続可能性」が日常であり、持続しかなかったのだから、いまさら可能性などとのんきなことは言っていられない。そこでは、老舗を守りながら次に伝えていくことが、実は攻めている結果、得られるという意味でも、まさにベンチャーなのである。そして、老舗を守ることが、そのまま地域を生かすことにつながっていく。

長期滞在型リゾート

高度成長期、バブル期を経て、日本人の余暇の過ごし方も大きく変わり、また多様になっている。旅館よりホテルに馴染んだ世代が多くなって、老舗旅館も変化を余儀なくされている。

そんな日本も観光立国が国の目指すべき一つの方針となり、多くの外国人観光客がやってくる。海外に出ていく日本人も増えて、そこから観光地、旅館業界の在り方も見えてくる。

リゾートにおける日本と海外の過ごし方のちがいは、日本人の多くが短期滞在なのに対して、海外では長期滞在が主流であること。しかも、リピーターが多い。

一過性の団体ツアーはありがたい反面、安くて画一的なサービスを求められることも多く、必ずしも経営にプラスするとは限らない。長期滞在するリピーター客があってこそ、経営的にも安定し、ブランドイメージもつくられていく。

長年、団体客中心の時代が続いて、日本の観光・リゾート地ではリピーターを増やす努力よりは、ひたすら一見客だけを相手にビジネスを展開。温泉地での長逗留は病気療養など湯治場としてのイメージもある。その分、個人客や連泊する客が、例外とされてきた。

経営的に見れば、どう考えても長期滞在客、リピーターをいかに獲得し、増やしていくかが大事なのに、長年の団体対応に慣れきった体質から、いまだ抜けきらずに、本来、大切にすべき個人客を満足させるノウハウを持っていないという致命的な欠陥がある。

あらや滔々庵はこれまでも安易に大きさ・規模を求めることをせず、品質の維持と向上を目指してきた。まさに伝統文化を活かすことによって守っていくという厳しい道だが、それが一八代続くのれん・名跡を継ぐ者の宿命そして使命だと覚悟しての取り組みである。

もちろん社長独りではできない。女将をはじめ、家族、家族同様の従業員の助けがあってのことである。地元・山代温泉並びに金沢で一〇〇年続く老舗企業等、まだ四〇代半ばの若い永井社長を温かく見守る人たちの存在があってのことでもある。

早稲田大学政経学部への推薦を蹴って、明治大学に行った長女は染色をやる傍ら、ヨガ・アーユルベーダを学んで、断食道場に通いマクロビオティック（玄米菜食）を学んでと、若い女性ならではの興味と関心から、老舗とは一見無縁の新しい世界で得たものを、あらや滔々庵にも活かそうと、女将の言葉では「影の社長」として頑張っている。

早稲田の政経学部を卒業した次男は、大学時代に演劇の世界に足を踏み入れて、いまは映画プロデューサーとしてガンのため二九歳で亡くなった伝説の棋士・村山聖の生涯を描いた話題作「聖の青春」（原作・大崎善生／監督・森義隆）に関わるなど、意外な才能を発揮している。

直接、旅館業とは関わりはないが、森監督は次男と同じ早稲田の政経学部で一年違いという間柄でもある。あらや滔々庵は二〇一〇年の渡辺明竜王と羽生善治名人による第二三期竜王戦第五局の舞台になっている。そのときに、すでに羽生のライバル・村山聖の映画化を進めていた森監督も撮影クルーを率いてあらや滔々庵を訪れている。

埼玉出身という森監督だが、映画が公開された二〇一六年一一月、東京から金沢に移住してきた。東京の生活に疲れたこともあるようだが、昔の文豪や芸術家の生涯をテーマにした映画づくりのためでもある。

地方の人間が地元を離れて都会で暮らす時代に、東京から金沢へ移住する。そのこと自体が「ふるさと自慢」の材料が、金沢周辺にはあるという一つの証明である。その価値は案外、地元の人間が気がつかないことが多い。その意味では貴重な応援団でもある。

永井社長が旅館・観光業の将来を見据えて、長期滞在型の魅力あるリゾートを目指して、地域の人たちに語りかけているという「自分たちが住みたい町づくり」の大きなヒントでもある。

次の代、さらには一〇〇年後を目指して、一〇年後、二〇年後のあらや滔々庵、そして地域としての山代温泉がどのような姿になっているのか、いまから楽しみである。

注目のベンチャー 12

ＩＴ検証の重要性を訴え続ける株式会社「ブイラボ」

浅井清孝社長／東京都中央区

イノベーションの行方

イノベーションは長らく続く企業社会における流行語であり、いまなお時代を表すキーワードである。そのメカニズムはイノベーションがイノベーションを呼んで、新たな技術を生み出していく。そのスピードがコンピュータ世界・ＩＴ社会では、加速度を増していく。

そこでは急激な変化についていけない老人が置いてきぼりにされるだけではない。若いベンチャー起業家が続々とＩＴ長者となる中で、業界そしてイノベーションを牽引してきた象徴的な人物、例えばアップルのスティーブ・ジョブズが健康を害して、五六歳にして鬼籍に入る。どこかに無理があるはずだが、起業家として立ち止まれば、地球というコマの回転が止まってしまうような不安にせき立てられて走り続ける。そんな印象がある。

とはいえ、世の中の現実はどんどん進んで、いまではモノとモノがつながるＩｏＴの時代が、すでに始まっている。

ＩｏＴの時代とは、簡単に言えばスマホを使って、手軽に「安心・快適・エコロジーを実現するために」コンピュータとネットワークをつないで、いろんな情報をやりとりしながら、便利で効率的で快適な生活環境をつくっていく「明るい未来」である。

企業社会でも、すでに一部は当たり前にＩｏＴ化が進んでいる。ロボットやＡＩ（人工知能）、実用化が進むクルマの自動運転ばかりではなく、家電や情報機器、住宅設備が複合的につながり、自在に情報やコンテンツをやりとりする時代を見据えて、家電メーカー、情報機器メーカー、ガス会社その他、あらゆる業界がＩｏＴ技術・サービスに企業の将来への活路を見いだしている。

そんなイノベーションの途上に、たまに問題になるＩＴ社会における様々な混乱と不具合は、そうした技術と人間とのズレがもたらす構造的な歪みのようでもある。

それもまた、今後到来するＩｏＴ時代への過渡期に特有のものだとしてすませられない、大きな危険と背中合わせの危機管理、検証の現実がある。

「ＩｏＴがもたらす明るい未来を考えたとき、そこでの安心・快適を実現するためには、一社だけではできないんです。企業同士が連携して取り組んだとしても限界がある。あらゆるものがつながるためには、企業を超えた業界同士が連携する必要、いわば日本株式会社としての取り組みが必要になる」と、熱く語るのは、株式会社ブイラボの浅井清孝社長（一般社団法人「ＩＴ検証産業協会」会長）である。

ＩＴ検証（第三者検証）については、いまなお一般的にはなじみがない面もある。経済紙はさておき、一般紙ではほとんど見かけないが、たまに記事になるときには「ソフトウエアの第三者検証」といった形で目にする程度である。

そんなＩＴ検証の概要と現在をおさらいするために、まずは『エルネオス』の「ベンチャー発掘！」（二〇一六年一月〜二月号）を見てみよう。

＊　　＊

ミスターＩＴ検証

二〇〇〇年七月の沖縄サミットで採択された「ＩＴ憲章」。当時の森喜朗首相がＩＴを「イット」と言って、得意の失言かジョークかと話題になったことがある。あれから一七年、今や「第四の産業革命」の到来が叫ばれ、ＩＴなしには成り立たない世の中になっている。

だが、便利さや効率を手に入れる一方で、ウイルス、サイバーテロなどへの防御、セキュリティを余儀なくされて、失われるもの、大きな犠牲が付いて回る。

象徴的な事例が、本格的なＩＴ社会が一つの転機を迎えた二〇〇〇年問題。新世紀を迎える転換期に、接続不良、システム障害など様々な不具合が発生して、銀行のＡＴＭが利用できないなどの社会的混乱を起こしている。

携帯電話の世界でも、この年、iモード機の不具合により、二四万台のリコール問題が発生。その処理に一〇〇億円単位の資金を要したことから、検証の必要性が俄にクローズアップされた。「IT検証」の時代の到来を、世間に印象づけることになる。

IT検証については、いまだ学術的な定義はされていないと言われるが、現実にはすでにビジネスとして展開され、業界団体（IT検証産業協会）も設立されている。一般的には「コンピュータを利用している製品に対して、利用者の立場に立ち、その動作確認を行った上で、品質を保証する作業」ということである。

メーカーは新製品を市場に投入する場合、事前に様々なテストを行っている。ちがうメーカーのパソコンとプリンター、周辺機器がつながるか。ナビを使用中に電話がかかってきたら受けられるのか。時速二〇〇キロの新幹線の中でメールが送れるのかなど、いかにして不具合をなくすかに腐心してきた。

それでも多くの問題が発生するのは、ユーザーがメーカーや専門家の想定外の使い方をするからでもある。例えば、周りで掃除機を使っていた家族がパソコンの電源コードを抜いてしまったら、あるいは子どものいたずらにどう対応するか。そうした事例の一つ一つをチェックしながら、どのような状況でも、トラブルが出ないように調べて、製品に反映する、それが検証である。

それは、別の言い方をすれば、メーカーによる自前のテストでは、フォローできない部分を事前にすくい上げる作業でもある。テストがあくまでも設計・仕様通りにできているかどうかを調べるメーカー側によるチェックであるのに対して、検証は消費者の立場からのチェックということになる。

それも、メーカー内部での検証には限界があることから、第三者による検証を事業化する動きがＩＴ産業の進展に伴って続いている。その必要性を、世の中のコンピュータ化が進む一九九〇年代から訴えてきたのが〝ミスターＩＴ検証〟こと、株式会社ブイラボの浅井清孝社長（一般社団法人「ＩＴ検証産業協会」会長）である。

ワンマン大川功

日本におけるＩＴ検証の歴史は、一九七七年に株式会社ＣＳＫ（コンピュータ・サービス株式会社）に入社した浅井社長が、創業者・大川功のもとで、検証事業に出会って、その可能性を掴んだことから、試行錯誤しながら育ててきたものである。

一九九三年に始まったＣＳＫの検証事業プロジェクトから、その後二〇〇一年に分社したベリサーブを東証一部上場にまで育て上げ、第三者ＩＴ検証の必要性を訴えるため、二〇〇五年にＩＴ検証産業協会を設立、会長に就任。二〇一四年、ベリサーブを退任後、㈱ブイラボを設立して、ＩＴ検証技術者の養成、ＩＴ検証専門会社の育成などに取り組んでいる。

浅井社長を〝ミスターIT検証〟と称するのも、その半生が日本のIT検証の歩みそのものだからだが、その道は一筋縄では行かない。

浅井社長は一九五三年六月、愛知県一宮市で生まれた。地元の高校から早稲田大学理工学部機械学科に進学したが、志望動機も「とにかく潰しが効く機械工学科に」というもので、本音は「早く親元を離れて遊びたい」というもの。

四年間、ジャズに没頭して、伝説のジャズクラブ「ピットイン」の新人登竜門にカルテットで出演。その時に二〇〇〇円のギャラをもらったのだが、一人当たり五〇〇円では生活できない。あわててサラリーマンを目指したのが大学四年生の九月。大半の企業の採用活動は終わっていて、たまたま残っていたのが新宿西口のコンピュータ・サービス株式会社（後のCSK）であった。

楽しいサラリーマン人生を夢見て、コンピュータを扱う企業に入ったつもりが、世の中そうは甘くない。営業マンになろうと思っていた彼は、茨城県の日立営業所に配属されて、日立製作所大甕工場に技術者として常駐する。

「何で技術者なんだ、こんな会社辞めてやる！」と、ずっと思っていた。そんな彼が、いつの間にかCSKに魅力を感じていく。

仕事も会社も人生も、捨てたものではない。コンピュータの黎明期に、CSKを創業。セガエンタープライズ、ベルシステム24、アスキーなどを傘下におさめ、一大情報王国を築き、日本のベンチャーの父とも言われる強烈なワンマン経営者・大川功の下で、自由に仕事をすることもできた。

六年間の技術者生活、その後のマネジメント職を経て、彼はやがてＩＴ検証という事業に出会い、その可能性を知ったことで大きく変身する。「アッ、仕事とはこういうことか」と、初めて納得するところがあったと語る。

「それまではいい加減な大学生活の延長で仕事をしてきて、夜はお酒を飲むのが楽しみ」という毎日。飲みニケーションが、いわばＣＳＫの文化でもあった。

「ＣＳＫの常識は世の中の非常識と言われていたぐらいで、仕事の進め方にルールはない。何をやっても良かった自由な会社だった」と、浅井社長がＣＳＫ時代を振り返るのも、ワンマン大川の存在があってのことである。

「リストラしません」

ＩＴ検証の必要性が顕在化してきた一九九〇年代は、それまで専門家しか使っていなかったコンピュータが、個人や家庭にも入っていった時代である。

マイクロソフトのビル・ゲイツが、それまで互換性のなかった基幹システムを「オープン化する」ことによって、ウインドウズがＩＢＭに代わって、パソコン全盛の時代を勝ち抜いていく。

そんな中、時代の波に乗って、急成長を遂げたＣＳＫにも、不況の荒波は押し寄せる。一九九三年は浅井氏の大きな転機でもある。それまで最大の顧客だったＩＢＭからの検証の仕事がなくなったのだ。当時、検証部門には八〇名の社員がいた。突然の事態に、どう対処すべきか。ＣＳＫ本体が経営の建て直しのため、リストラを進める中、本来であれば真先にリストラを考えなければいけないのだが、困った一方で彼は「この技術は面白い。検証という事業はこれから必要になるのでは？」と、そんな予兆を感じ取る。

システムのオープン化とは、要するにA社とB社とC社みんながつながるということ。富士通なら富士通、ＮＥＣならＮＥＣというういわゆる垂直統合だったコンピュータの世界が、水平分業になる。他社のプリンターや周辺機器が、自由に組み合わせられる。

ユーザーには都合がいいとしても、実際はそんな簡単なことではない。しかも、不具合が発生した時に、誰が采配をふるうのか。不具合が起これば、各社とも自社の検証結果を元に、他社のせいにするのは目に見えている。そのしわ寄せは消費者に来る。

「本当にその通り動くかどうかの検証作業が必要になる。それも、第三者検証だ」と、そう確信した浅井氏は月一回行われる「点検」と称する経営会議の席上、大川会長を前にして「リストラはしません。第三者検証を事業にします」と大見得を切った。

その会議の最後に、彼は大川会長から一人だけ「残れ」と言われる。周りの連中は「これで社の方針に盾突いた浅井も終わりだな」と、冷たい視線を向けながら出ていったという。

だが、大川会長は「検証という技術はええ技術やと、ＩＢＭの重役から言われているんや。浅井、何とかしろ」と言って、その後、彼の見えない後ろ楯となる。

それからが大変だった。ＩＴ不況下、各メーカーは自社のリストラ要員を検証部門に送るため、検証作業を他社に出す余裕などない。しかも、検証は開発と密接にリンクしているため、どこも技術が漏れるのを恐れて、外に出そうとしないからである。

意外な現実に、結局ＣＳＫの検証事業は、自社で検証部隊を抱えられない外資系企業での検証を続けるなど、試行錯誤を重ねる。

そんな検証の世界に、第二の波というべき事件が起こったのが、冒頭で紹介した二〇〇〇年の携帯電話のトラブルである。その手の不具合で、なぜ二四万台もの回収をするのか。検証の事業化に真剣に取り組んでいた彼は、直接話を聞きに行った。

「なぜ？」と尋ねる浅井氏に家電メーカーの開発本部長は「パソコンと同じ扱いをするな。われわれは民生の世界で生きているんだ！」と怒りだした。

一度、信用を失えば、それが商品・企業の命取りになる。パソコンの世界では一〇分の一の確率で不具合が生じると言われているが、民生の世界、一般消費者相手の市場では「ｐｐｍレベル」つまりは一〇〇万分の一の品質レベルが求められる。それだけシビアーなため、家電製品は動いて当たり前。そのために家電メーカーでは検証にケタ違いの予算を投入していたのである。

ＩＴが民生の世界に入ってきたということは、その検証により膨大な予算を取られるということでもある。そこに検証事業の可能性も見えているとあって、浅井氏はＩＴ検証事業を推進する一方、業界団体「ＩＴ検証産業協会」を設立、ベリザーブ退任後は自らもＩＴ検証ベンチャー「ブイラボ」の起業へと至る。

その間、次々と検証をビジネスにする企業が誕生して、二〇〇五年に業界一〇社で発足したＩＴ検証産業協会の現在の会員数は、五〇社程にまで増えている。

それは一見、順調な歩みのように思えるが、検証事業のポテンシャル、将来性からは、未だ未開拓な状況であるという。そこには市場の大きさに対して、技術が追いついていかない一面もある。そこにベンチャーとして挑戦する価値もある。

検証に出会うことによって仕事の面白さを知り、使命感に目覚めた彼が、やがて起業家への道をたどるのも、そうした時代の要請だろう。

第三者検証の重要性

日本の先を行く欧米では、すでに第三者の検証会社に任せて、もしも不具合が出た場合には、保険会社がカバーするという仕組みが定着している。

そんな第三者検証の世界に、第三の波とも言える問題が起きたのが、二〇一〇年一月のアメリカでのトヨタ自動車「プリウス」の急発進問題である。この時、トヨタが自社の正当性を証明するため、ＮＡＳＡに検証を依頼、結果「異常なし」の判定を受けるのだが、そのために要した金額が三〇〇億円。その間、米国でのシェアを一位から三位に落とすなど事件のもたらした影響は少なくない。

プリウス問題は不具合の恐ろしさと同時に検証の重要性を、自動車会社以外のＩＴ関連企業、つまり今やあらゆる業界に共通する問題であることを知らしめることになる。

二〇一五年夏、アメリカではハッカーからの攻撃で、走行中の米国車が制御不能になり、道路脇でエンジンが停止するトラブルが公開され、遠隔操作防止のため、一四〇万台をリコールする問題が起きている。あるいは、ハッカーに関する国際イベントで、市販車の制御システムに外部から侵入、センサーの機能を妨害し、停止するはずのクルマがスピードを緩めないまま障害物に突っ込む映像が映し出されて、話題になっている。

あらゆるものがインターネットにつながり、自動運転が現実味を増す中で、第三者検証の必要性が、ますます問われている。

その背景には、今後ますます進んでいくＡＩ（人工知能）と人間との共存という深刻な問題が横たわっている。

ブイラボ前史

二〇〇五年に業界団体・IT検証産業協会を設立。ベリサーブ退職後、二〇一四年七月にブイラボを設立したのも、第三者検証の必要性を訴えるためである。

IT検証事業の産業化を使命としたブイラボの事業内容は、IT検証企業育成のためのコンサルティングと、新たなビジネスモデルの創造。それはIT検証産業協会会長として協会の事業と軌を一にした仕事でもある。設立二年目のベンチャーにしては、大きなテーマだが、そこにはCSK時代に逆上る、いわばブイラボ前史がある。

もともとCSKを退社して、自らIT検証ベンチャーを興そうと考えたのは、二〇〇一年一月、それまで彼の後ろ楯となってきたCSK創業者・大川功の死後のことである。独立は第三者検証を推進する立場からも、産業化を図る上でも、いつか決断しなければならないことであったのだが、当時のCSK社長もIT検証事業の可能性だけは理解していたということだろう。独立ではなく、CSK傘下での起業を条件にした。それがベリサーブである。当時、取締役事業部長として、四三名のスタッフを抱えていた浅井氏としても「部下を見捨てるのか」と言われれば、無下にも断れない。

苦渋の決断の結果できたのがベリフィケーション（検証）をサービスする会社という意味を込

めたベリサーブである。だが、やがてＣＳＫから大手商社へと経営権が移る中で、思いどおりの展開ができなくなっていた浅井社長は、大川と約束した検証事業の産業化を進めるための潮時と見て、ベリフィケーション＆バリデーション（確認）という二つのＶを追究する研究所との意味を込めたブイラボ設立へと至る。

ＩＴ検証市場

浅井社長が二〇〇一年に独立を考えたのは、実はその前年、検証事業部事業部長に就任するに当たって検証ビジネスの市場調査をしたことからである。

当時の国内のパソコンおよび周辺機器の総売上高は六兆三〇〇〇億円。そのうち三％の約二〇〇〇億円が検証事業市場であり、年六％の伸びというもの。だが、年六％では、そう面白みのある事業とは言えない。事実、当時はＩＴ不況と言われた時代でもある。

そんな中、携帯電話のトラブルが起きたことで、彼はその後ろにとてつもない市場が眠っていることに気がつく。当時、約一兆三〇〇〇億円だった携帯端末の世界では、売上高の一二％の約千六百億円が検証に使われていた。年六％の面白みのない世界に、わずか半年の間に倍の一二％というデータが出てくる。「理屈に合わない」と思った浅井社長は、業界関係者の間を聞き回って、やがて理解したのが、技術の進歩と時代の変化である。

ホビーの世界だったコンピュータが民生品となることで、便利さだけではなく、安心や快適さが当たり前のものとなったわけである。

一般消費者相手の世界ではｐｐｍレベルの品質が求められるため、検証作業に膨大な労力、コストをかけなければならない。しかもそれは携帯端末に限った話ではない。「ＩＴの本格的な普及とともにクルマや家電分野、さらにガスなどのエネルギー分野等々、そこに一兆円のマーケットが控えている。その可能性に二〇〇〇年に気がついた時『これを逃す手はない。会社をつくってでもやろう』という気になるでしょ」と、浅井社長は当時の意気込みを語る。

だが、現実は厳しい。ＩＴ検証事業の市場規模は、浅井社長が様々な資料や情報をもとに試算したものだが、実際のＩＴ検証産業協会加盟社の合計売上高（二〇一四年）は、試算数字とはほど遠い、ケタ違いの少なさである。

理由は多くの企業が第三者による検証ではなく、社内での検証を行っているということ。その事実は、浅井社長がＣＳＫ時代にＩＴ検証をビジネスにしようと孤軍奮闘していた当時と、企業の検証に対する姿勢・取り組みにさほど変化がないということである。

だが、確実にビジネス環境は変化している。情報がモノにつながる「ＩｏＴ（モノのインターネット）」の時代の到来と騒がれているが、その陰には数々の不具合、そして表には出ないトラブルがいっぱいある。

それら頻発するシステムの不具合、その原因となる組み込みソフトの品質など、開発における課題は様々だが、そのベースにあるのは開発のスピードに肝心の技術、システムが追いついていかないという規模の変化がある。米ソフト工学の第一人者ダグ・プットナム氏によれば、ソフトウエア製品の開発における課題として「五～六年でプログラムの規模が飛躍的に増大する。その開発労力はソフト規模の三乗に比例する」という。倍々ゲームどころか、すぐに天文学的な数字になる。早い話が人間の処理能力をとっくに超えているということだ。

「新しい製品が完成したと思ったら、別の新しい製品が開発されて出てくる。そのサイクルがどんどん早くなって、企業は刻々と変化していくビジネス環境に対応するため、時には回収したり、新バージョンのものを投入しさらなる新製品の開発に取り組む。しかし、不具合は一向になくならない。その繰り返しに、企業は疲弊している。どうするんですか？」と、浅井社長は問いかける。

それは、ある意味でＣＳＫ時代に、第三者検証の必要性を訴えて、ＩＴ検証事業をスタートした原点回帰でもある。

これまで多くの日本企業はＩＴ検証を秘密保持、リストラ対策などの理由により、自社で行ってきた。当時の浅井氏の提案は、パソコン企業十六社が同様の検証作業を、第三者である協会や専門の一社に任せるならば、テストの計画・設計・施工に関するコストは単純に計算して十六分の一になるというものである。しかも、検証作業はＩＴ企業だけではなく、日本の製造業・サービス業ほとんどすべての問題になっていく。

原発とちがって、命に関わることのなかったＩＴ検証をめぐる世界も、今やクルマや家電などの安全性に直結するＩｏＴの時代である。いつ、命を左右する問題が起きても不思議ではない。

「まさか？」というのは簡単だが、原発に限らず、宇宙開発その他、最先端技術の分野では、大半は見切り発車をした後、少しずつ安心・安全を獲得していく。それでもなお、一〇〇％はあり得ない。

文化を変える

ＩＴ検証の歴史を振り返って、浅井社長はその将来的なビジネスの在り方を、これまで主流であった企業による「第一の保証」、現在、取り組みつつある「第二の保障」、そして最終的には保険会社と組む「第三の補償」という言葉を使って説明する。

第一の保証とは、テストやモニターなど、製品が市場に出る前に品質を保証するビジネスである。テストとともに、すでに検証が重要なものとなっている。

現在、課題となっている第二の保障は、製品が市場に出た後、往々にして不具合が生じる。それがトラブルになる前に対応するビジネスであり、コールセンターやリコール制度とともに、新たに取り組むべき検証のビジネスモデルとなっている。

その検証の在り方は、互換性一つとってもすでに業界を超えた組織としての「センター」機能が必要不可欠な段階に来ている。

そのセンターであらゆる情報を収集、整理、分析して、結果を無料で消費者に開示する。新製品はセンターで検査して、その結果を情報開示する。企業は接続性に関する情報、やってはいけないことなど、情報を消費者に開示する。同時に、消費者は自分でその情報を取捨選択する責任がある。事故や不具合が生じないようにメーカーが補償できる範囲内のモノを買い揃えなければならない。

その難しさを、彼は「文化を変える必要がある」という言葉で語る。それは、第三者による検証制度を確立することによる経済効果と検証そのものの技術的な精度を上げるために、企業文化を変える。それと関連して、一般消費者の生活文化もまた変える必要があるということである。

だが、発想を転換すれば、検証コストの削減という経済効果と技術的な精度を実現するという第三者検証の本質は、日本企業の体力を増強することであり、結果、日本経済への貢献につながる。

そのためには、互換性、ユーザビリティそしてセキュリティが問題になるＩｏＴの将来にとって無視できない存在である、例えばハッカーそのものを味方にする必要もある。

第三の補償は将来的な課題として、最終的にトラブルが生じた際の解決策となる金銭的な補償を保険と組み合わせることによってカバーする制度の確立である。

道は遠いが、ブイラボ社長である前にＩＴ検証産業協会会長である浅井社長にとっては、避けて通れない道でもある。

ＩＴ検証産業協会

二〇〇五年に任意団体として発足したＩＴ検証産業協会は、二〇〇九年に一般社団法人となる。協会の使命を明確にするため、二〇一〇年から一四年にかけて、第一次中長期ビジョンを制定。活動方針のテーマを「検証産業の基盤作り」として、

1. 検証人材育成・活用事業
2. 検証作業と技術の標準化
3. 事業提案と検証取引のモデルづくり
4. 業界としての基本情報の作成と発信
5. 検証産業の普及・広報活動
6. 対外活動による連携事業
7. 国の指導・協力を得て実施可能となる活動の七つを重点実施項目に掲げてきた。

二〇一五年から一九年にかけての第二次中長期ビジョンでは「社会貢献の実現」として、

１．第一次中長期計画　重点実施項目の継続
２．収益事業の実施
を、重点実施項目として掲げている。
技術者の地位向上のための認証事業として二〇〇七年からグローバルに対応した検証技術者認定（ＩＶＥＣ）を推進している他、二〇一四年七月に「ＩＴ検証フォーラム２０１４」を開催。脳科学者・茂木健一郎氏の基調講演の他、業界関係者による検証サービスの必要性が語られている。

収益事業に関する具体的な取り組みとして、ブイラボと協会とがリンクした形で、例えば首都圏の公立専門学校で、ＩＴ検証に関する講座を設けるなど、様々な取り組みが考えられる。

なお、ハードルは高いが「日本を再生させる起死回生策の一つの手だてになるのじゃないでしょうか。日本は世界に誇る品質をつくり上げたことで知られるように、品質というのは、いわば日本の一八番です。そういう感性を持っている。そうした日本人の国力を生かせるのが、検証事業なんです」

浅井社長が強調するように、グローバルな時代における日本の力を生かすか殺すかの別れ道となる。

＊　　＊

IOT時代の課題

各社が独自にやっているIT検証にかけるコストと労力については、本文でも述べている通りだが、それを企業、業界を問わずに〝日本株式会社〟としてやれば、どれだけのコストが縮減できるのか？　そのことをメッセージするために立ち上げたのが「ブイラボ」である。

同社の歩みは、相変わらず道半ばと言わざるを得ない状況にある。そこには「重要性はわかる、しかし、自分だけが得をしたい」。あるいは「重要な情報・特許を他社に公開することになるのではないか」といった様々な事情から、ブイラボに限らず、既得権益を脅かすベンチャーは、業界から大手企業から足を引っ張られたり、M&Aを仕掛けられたりする。夢を砕かれたベンチャーも少なくない。

第三者IT検証自体は、それなりに注目され、ビジネス的にも成功しているベンチャーは少なくない。

メディアではソフトウェアの第三者検証を扱うベンチャーのサクセスストーリーも登場する。だが、浅井社長の眼鏡に適うベンチャーは、なかなか現れない。

浅井社長の頭に、常にあるのは、女性の会社をつくること。女性と老人の力を用いないことには、日本の将来的な伸びは期待できないからだが、その点、第三者IT検証の仕事は女性の力を生かせることから、結婚後家庭に入り、子育てを終えた有能な女性たちを束ねることで、第三者

ＩＴ検証ビジネスの一つの成功モデルとしたいというものである。

だが、時代は企業の枠を超えたオープンイノベーションの必要性とともに、業界を超えて協調・協力するワンジャパンの動きもある。企業社会の変化を追い風に、浅井社長はいまも第三者検証を日本の得意分野に育てていくべきだとの提案を、主要官庁である経済産業省、業界を牽引する大手企業相手に続けている。

そこでのテーマの中心は、ＩＯＴ時代における品質管理、要するに接続性とセキュリティとユーザビリティが重要課題となるというものである。

そこでは、検証作業の水平分業、業界を跨ぐ高い開発力が必要となる。

「一社だけではできないんです。企業同士を超えて、業界がくっつく必要がある。そこでは日本人に特有のすり合わせとか、いい意味での談合が生きてくる。お互いが手を握り合って立ち向かわないと、本当の安心・快適はあり得ない。日本人が最初にやって、世界に模範を示す、そのお手本になるべきだと思う」と語る浅井社長の言葉には力が入る。

日本の特色と技術力を生かす形で、他の先進国や台頭する新興国との差別化を図ることができる。日本株式会社としての総力を上げて取り組むべき価値のある課題だという提言を、経済産業省や関連業界大手に提言を続けているのも、業界をリードする立場のＩＴ検証産業協会会長としての使命感があってのことである。

今後も、世の中は液晶ディスプレー装置が、現在のメガネ等のウエアラブル端末やコンタクトレンズ型のものへと進化を遂げるのは明白であり、その先には装着者が意識して、ある単語とともに指示を出せば、ネット検索できる日がやってくる。つまりは、装置と肉体が言葉から視線や意識によってつながる。モノとモノを超えて、人間の意識、脳と心と統合し融合する、そうした時代がすぐそばにある。

意識が世界を変える、それが今後明らかにされる最先端科学、物理学の常識である。

それをモノやソフトに生かすためのベースとなる技術は、ミクロレベルのモーター、装置を可能にするエクサスケール以上のスパコンの開発が前提となる。スパコンではかつて世界一となった「京」が有名だが、多くのライバルがいる中で、京以上に注目されるのは、すでに実績のあるグリーンコンピュータ部門。つまりは省エネ、環境優先型のスパコンの将来であり、その分野に関しては、基本的なコンセプト・特徴などから、日本が独走できる分野となっている。

次々世代スパコンが問題を解決する日が来るという明るい未来には、多くの日本の力が必要とされる。その力を共有するためにも、企業レベルを超えた業界同士で連携する「日本株式会社」として取り組む、第三者ＩＴ検証が欠かせない。

そこでは、第三者によるＩＴ検証のシステムがいかに構築されているかが、日本そして世界の将来を決めることになる。ミスターＩＴ検証・浅井社長の活躍が期待される。

あとがき

本書はビジネス情報誌『エルネオス』に連載してきたベンチャー企業を、一冊にまとめた四冊目になる。雑誌掲載後の変化などをつけ加えている点は前三冊と同じだが、今回は一二社を取り上げながら、一冊の本として読めるように構成している。

本書のレジュメ（目次構成案）を持って、一般社団法人「最幸経営研究所」の篠田法正代表を訪ねたときのこと。そのバラエティに富んだベンチャー候補に「うわー、この人たちと会ってみたいな」と言っていた。

社内ドリプラを展開し、いろんな企業を知っている経営コンサルタントの彼にとっても本書で紹介するベンチャーは、異色であり、かつ魅力的なようである。

とはいえ、読んで面白いかどうか、役立つかどうかは、本書に限らず受け取る側の問題でもある。誤解を恐れずに言うならば、本書の最大の読者・ファンはここに登場するベンチャーだということである。それを、筆者の好意から来る、よくある「ヨイショ」の結果ではないのかと勘繰ることは簡単だが、ヨイショで本当の読者・ファンなど獲得はできない。第一、書く本人が納得しない。

そもそも「はじめに」でも述べているように、本書の基本的なスタンスは「宇宙的視座からベンチャーを見る」というものである。

「木を見て森を見ない」という言葉があるが、宇宙から見れば、木も森も同じ緑である。星の数ほど（？）あるベンチャーのちがいなど見えることはない。だが、本当にそうなのかと考えたとき、同じように見える中から、その本質が浮き彫りになってくる。六〇兆の細胞でできている人間には、その一つひとつを探っていけば六〇兆の才能と可能性がある。

本書は私が出会った、そんな興味深いベンチャーを一社ずつピックアップすることによってできている。そのそれぞれに素直な思いで向き合うならば、たぶん直接会って話す以上の確率で〝会ってみる〟ことができる。

なお、出版不況と言われて本の売れない時代に、本書が上梓できたことは、本書に登場するベンチャー各社の協力があってのことである。心よりの感謝を捧げます。

最後に、連載でお世話になった『エルネオス』の市村直幸編集長、担当の鈴木裕也氏をはじめエルネオス出版社のみなさまにも感謝いたします。

三和書籍の高橋考社長並びに編集担当の福島直也氏にお世話になりました。合わせて感謝申し上げます。

二〇一七年　文月

著者

【著者】

早川　和宏（はやかわ　かずひろ）

1948年生まれ。

立教大学経済学部にてマルクスの哲学および弁護法・マックスウェーバーの社会学を学ぶ。卒業後、社会派ジャーナリストとして活躍。心の変革、社会の変革を目標に掲げ、幅広いテーマに取り組んでいる。ひとりシンクタンク「2010」代表。

主な著書として『魔法の経営』『日本発！世界No.1ベンチャー』（三和書籍）、『会社の品格は渋沢栄一から学んだ』（出版文化社）など。訳書に、ミナ・ドビック著『ミラクル』（洋泉社）などがある。


空前絶後★ベンチャー企業は宇宙的発想で!!

2017年　9月　29日　　第1版第1刷発行

著 者　早 川　和 宏

発行者　高 橋　考
発行所　三 和 書 籍
〒112-0013東京都文京区音羽2-2-2
TEL 03-5395-4630　FAX 03-5395-4632
info@sanwa-co.com
http://www.sanwa-co.com
印刷所／製本　中央精版印刷株式会社

ISBN978-4-86251-279-6 C0034

三和書籍の好評図書

Sanwa co.,Ltd.

魔法の経営

ベンチャービジネスの雄 小松昭夫に学ぶこれからのビジネス

早川和宏著　四六判　254頁　並製　定価1,600円＋税

多くの製造業をはじめとした日本企業が、売上げは上がっても利益は微々たるものという経営環境を余儀なくされる時代。小松電機が21世紀を見据えた事業を強力に推進できるのは、それだけの蓄積と、実績に裏打ちされた余裕があるからだ。小松の経営を称して「魔法の経営」と呼ぶのは、そうした通常は不可能と思えるものを可能にする政略・計略・戦略が備わっているからである。本書はそれを紹介している。

日本発！　世界No.1ベンチャー

この国を元気にする起業家精神

早川和宏著　四六判　264頁　並製　定価 1,400 円＋税

本書には12のベンチャーの成功秘話が書かれている。どの企業家たちも、ただ順風満帆に会社を大きくできたわけではない。どこかで必ず挫折があり苦悩がある。それを乗り越えた力は何だったのか？　夢を現実にする原動力となったのは何か？本書に収録した「知られざる世界No. 1」と言えるベンチャーの物語は、わが国のすべての企業家経営者・ビジネスパーソンに仕事への大いなる意欲と勇気を与えるだろう。

世界でいちばん楽しい会社

夢を追う 12 の起業家たち

早川和宏著　四六判　271頁　並製　定価 1,500 円＋税

「楽しい」という共通するコンセプトを持つ12社を紹介。企業の在り方、ビジネスの原点を考えるための貴重なヒントに満ちた一冊。

日の丸ベンチャー

「和」のこころで世界を幸せにする起業家 12 人の物語

早川和宏著　四六判　290頁　並製　定価1,600円＋税

本書で紹介するベンチャー 12 社は、時流に乗って成功することのみを目指しているようなベンチャーとは一味も二味も違っている。「日本のため、世界のため」、社会のために誰かがやらなければならないことをやるという理念のもとで、持続的な価値を追求している企業である。その会社と経営者の物語は、人として企業人として、一人の日本人として生きる上での多くのヒントや知恵、夢や勇気、そして共感と感動に満ちている。